FUROSHIKI

ふろしきBOOK

むす美 山田悦子／著

CONTENTS

「ふろしきが使える人になりたい」 4

この本でできること。 6

ふろしきの基本 10

ふろしき使いの最大のポイント(結び方) 12

ふろしきの伝統的な包み方 13

平包み

お使い包み

隠し包み

四つ包み

瓶一本結び

瓶二本結び

Chapter 1 シーンで楽しむ

犬とお散歩―**しずくバッグ** 20

column ワンちゃん専用のスリングに

ゆかたでデート―**すいか包み／クイックバッグ** 24

column 中身を連想させる包み方は盛り上げ上手

のんびりお買い物―**きんちゃくバッグ** 28

column レジ袋いらずの即席エコバッグ

ヨガのレッスンに―**二つ結び** 30

column 大切なもの、大きなものを包むときにも重宝

お仕事はスマートに―**リボンバッグ** 32

column 資料が多い会議でも大活躍！

ゆったりリゾート―**ショルダーバッグ** 34

column パレオにしたら素敵なリゾートファッションに

自転車に乗って―**ボディバッグ** 36

column フェミニンなバッグに早変わり

スナップコレクション

01 今日は愛犬と過ごす 22

02 夏はゆかたでデート 26

ギフトラッピング

花包み／花包みのアレンジ 50

リボン包み／リボン包みのアレンジ 52

ボトルラッピング

瓶包み／瓶包みのアレンジ二種 54

ワインギフト 56

column

バッグの中身は？ 38

バッグアレンジの楽しみ方 42

Chapter 2

色柄を楽しむ

柄の見せ方レッスン

1 主柄タイプを使って 60

2 枠取りタイプを使って 62

3 リバーシブルタイプを使って 64

カラーバリエレッスン

1 しずくバッグ・バリエーション 66

2 リボンバッグ・バリエーション 68

3 キャンパスバッグ・バリエーション 70

Chapter 3

工夫を楽しむ

プラスアルファの小物はアクセントに 76

傘包み／ペットボトル包み／カフェカップホルダー

収納力をさらにアップ！ 80

トートバッグ／ひっかけ包み／しずくバッグ×キャリーバッグアレンジ

リュックスタイル 84

子どものリュックサック／大人のリュックサック／リュックサックカバー

小物を使ったバッグスタイル 88

パッチンバッグ／ウエストポーチ二種／いちごバッグ

いざという時のふろしき防災 92

防寒／運搬／保護

アウトドアやレジャーシーンで 94

レジャーシート&テーブルクロス／運搬

おうち使いに 96

インテリア／日常使いに

ファッションアイテムとして 98

スカーフアレンジ／ヘアアレンジ

ふろしきコレクション 102

ふろしきの歴史／ふろしきの未来 104

report

世界も注目！「FUROSHIKI」の可能性はボーダレス 106

SHOP INFORMATION 107

読者の方へ

＊本書で使用したふろしきは、すべて著者むす美のものです。欠品・廃品の可能性がありますので、購入を希望される場合は、ショップ（107ページ参照）までお問い合わせください。

「ふろしきが使える人になりたい」

「私もさらっとふろしきが使える人になりたいです！」と
先日ワークショップに参加した大学生に声をかけられました。
〝ふろしきを使える人〟に憧れを抱く……そんな感覚を持つ若い世代の出現に
時代が変わり始めている……そんな空気を感じました。
「ふろしきなんて古い、昔のモノ」という印象から
「ミニマムな四角い布が、結ぶだけでバッグやギフトのラッピングとなって
繰り返し使えるなんてサステナブルでカッコいい！」という感覚へ
人々の価値観は変化しています。
　そこには、近年の予期せぬ大きな震災や、気候変動による自然災害
世界中が麻痺したコロナウィルスの感染拡大などの経験から

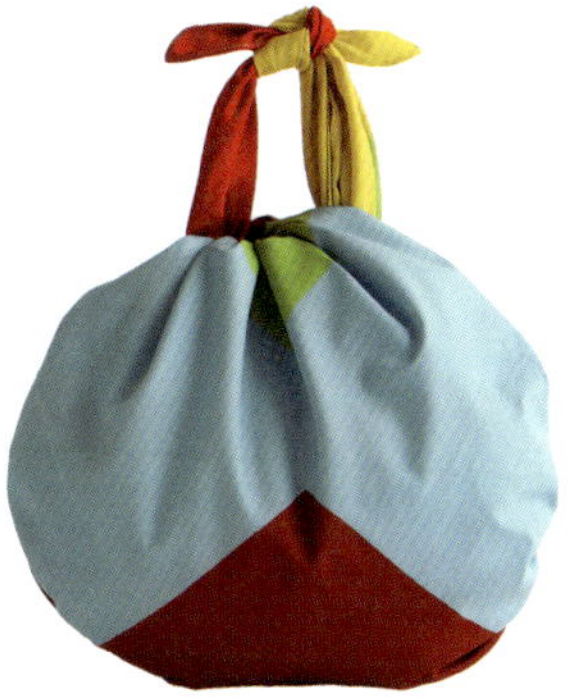

改めて本当の意味での豊かさや幸せって何だろう？と
立ち止まって考える機会となったことも無関係ではないはずです。
一時的ではなく、普遍的な豊かさへ。モノではなく、心満たされる時代へ。
私たちの意識は向き始めています。

１００年前の日本では、誰もが「ふろしき」を使いこなせるスキルと知恵を持ち
賢く暮らしていました。一時的な豊かさと引き換えに引き継げなかった
そのスキルと知恵と心づかいを、私たちが今改めて現代の暮らしに活かしていくことが
心満たされることにつながるのではと思っています。

この本には、そのノウハウがぎっしり詰まっています。
「ふろしきバッグ」の再編集により基本から応用（ギフトラッピング・ファッション使い・
防災など）まで、暮らしの様々なシーンで活用いただけるHOW TOを追加しました。
手に取ってくださった皆様の心豊かな暮らしの一助となれば幸いです。

むす美　**山田 悦子**

この本でできること。

包みいろいろ（基本、アレンジ）

隠し包み
（p.14）

お使い包み
（p.14）

平包み
（p.13）

瓶二本包み
（p.17）

瓶一本包み
（p.16）

四つ包み
（p.15）

二つ結び
（p.31）

すいか包み
（p.25）

さお包み
（p.72）

二つ結びアレンジ
（p.31）

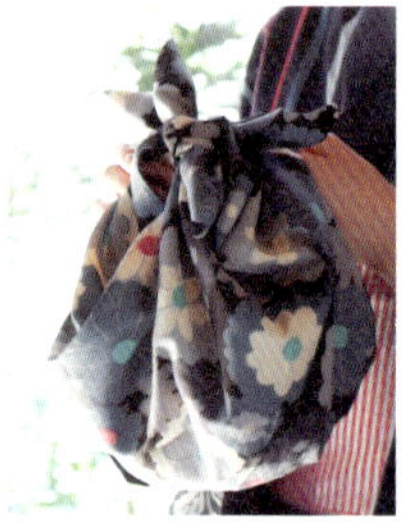

クイックバッグ
（p.25）

（　）は結び方のページ

ワインギフト
（p.56）

瓶包みのアレンジ二種
（p.55）

瓶包み
（p.54）

リボン包み
（p.52）

リボン包みの
アレンジ
（p.53）

花包み
（p.50）

花包みの
アレンジ
（p.51）

ドレッシーバッグ
（p.101）

傘包み
（p.78）

カフェカップ
ホルダー
（p.79）

ペットボトル包み
（p.79）

しずくバッグ×
キャリーバッグアレンジ
（p.83）

ひっかけ包み
（p.83）

バッグいろいろ

リボンバッグ
（p.33）

きんちゃくバッグ
（p.29）

しずくバッグ
（p.21）

シンプルバッグ
（p.44）

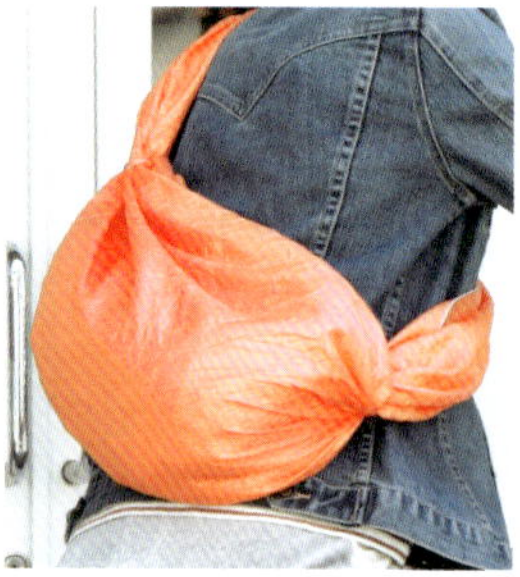

ボディバッグ
（p.37）

ショルダーバッグ
（p.35）

ドーナツバッグ
（p.73）

おでかけバッグ
（p.73）

バルーンバッグ
（p.72）

トートバッグ
（p.82）

キャンパスバッグ
（p.72）

バッグの
カバーリング
(p.45)

リュックサックカバー
(p.87)

大人のリュックサック
(p.87)

子どものリュックサック
(p.86)

ウエストポーチ二種
(p.90)

いちごバッグ
(p.91)

パッチンバッグ
(p.90)

暮らしいろいろ

(防災、アウトドア、おうち使い、ファッション)

ティッシュボックス
カバー (p.100)

防災頭巾
(p.100)

編み込み
(p.101)

ツイントライアングル
(p.101)

三角巾
(p.100)

ふろしきの基本

ふろしきには様々な素材やデザインがあり、また包むものによって適したサイズがあります。自分の好みと用途にあったふろしき選びのために、知っておきたいですね。

大きさと使い方いろいろ

ふろしきは上と下しか縫われていません。ミシンの縫い目がある辺が上下になるわけです。上下の長さを「丈」と呼び、左右の長さを「巾」と呼びます。実はふろしきは正方形ではなく丈が巾よりも若干長いのです。これは諸説ありますが、布に伸縮性があるためでは、といわれています。

一巾とは約36cm。おおむね左上の図がセンチメートルに換算したサイズの目安になります。全部で10種類のサイズがありますが、最近では四方すべてを縫製したものや正方形タイプなど、いろいろな規格が市販されています。

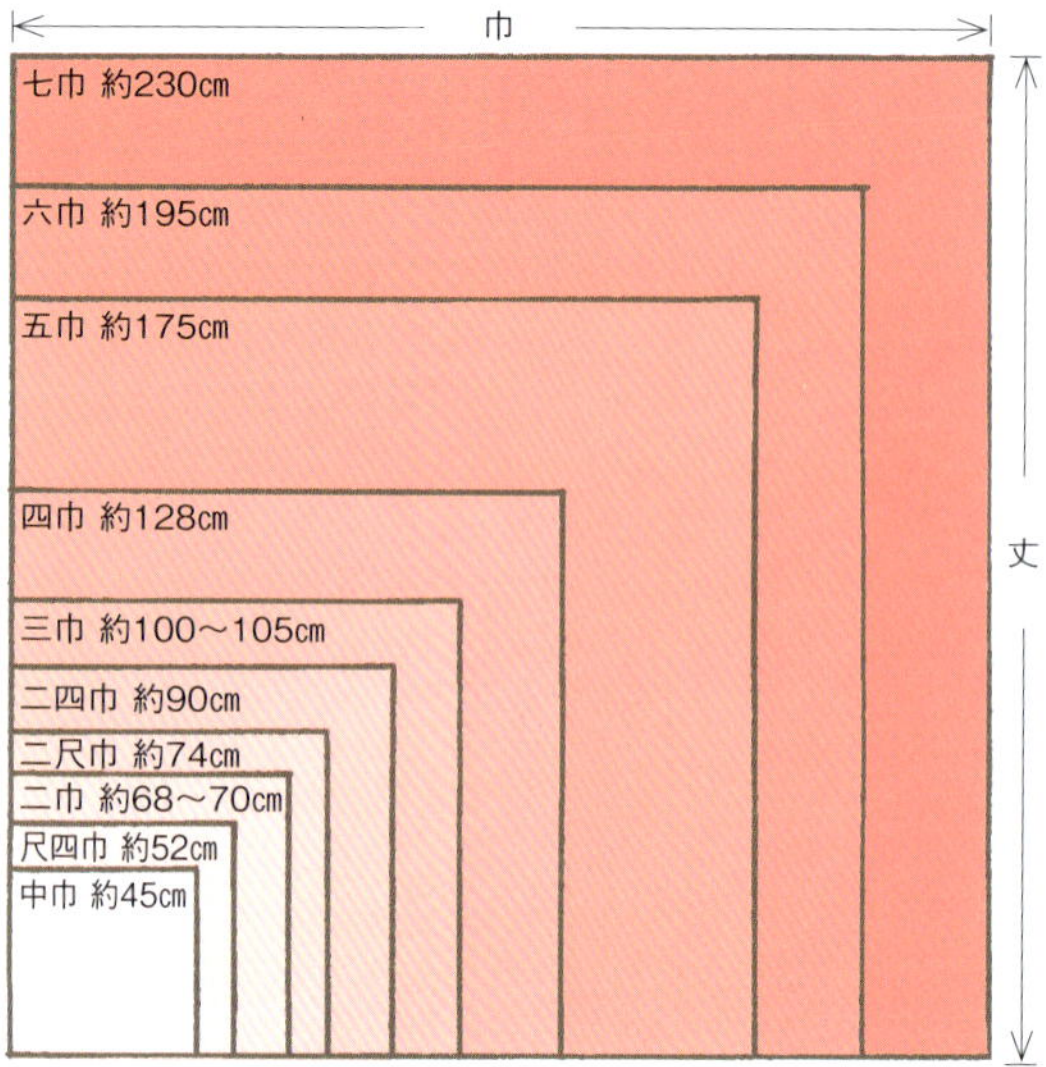

小さい方から、中巾（袱紗同様に金封を包む）、尺四巾（金封や小物類などを包む）、二巾（菓子折りなどを包む）、二尺巾（ワインボトルなどを包む）、二四巾（一升瓶を包む）、三巾（ショッピングバッグに）、四巾（たくさんの衣類を収納したり、大きめのバッグに）、五巾・六巾・七巾（大きな荷物の収納、運搬に）。右記は、サイズごとの包めるものや使い方の目安です。参考にしてください。

材質とお手入れ

ふろしきの伝統的な素材といえば、正絹（しょうけん）の縮緬（ちりめん）。ふっくらした質感が特徴で、昔から冠婚葬祭などのフォーマルなシーンでは正絹を用いてきました。日常使いには、レーヨンやポリエステルなどの化合繊も多くなってきました。

また最近では、再生繊維などのリサイクル素材やオーガニックコットンも注目です。取扱いについては、基本的にはふろしきに付いている品質表示のタグを確認してください。

そして扱いやすさでは、綿素材も使いやすくて便利です。自宅で洗えてアイロンもちろんＯＫ。重いものを包むときなど、ハードユースには最適です。

ふろしきを選ぶ際には、使う目的や頻度などを考慮して素材やサイズを決めると良いでしょう。

ふろしき
実践
ノウハウ

①サイズと中身の相性は?

菓子折りなどをきれいに包むには、中身とふろしきサイズとの相性が重要。ふろしきの対角線の3分の1程度の大きさが、中身のサイズとして一番包みやすいようです。

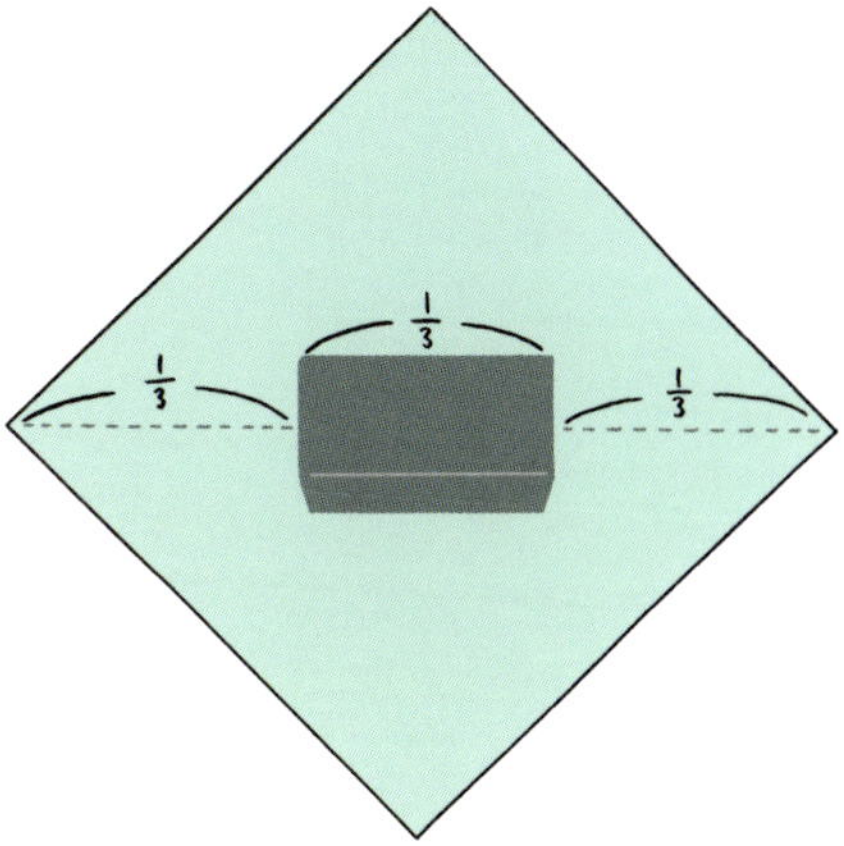

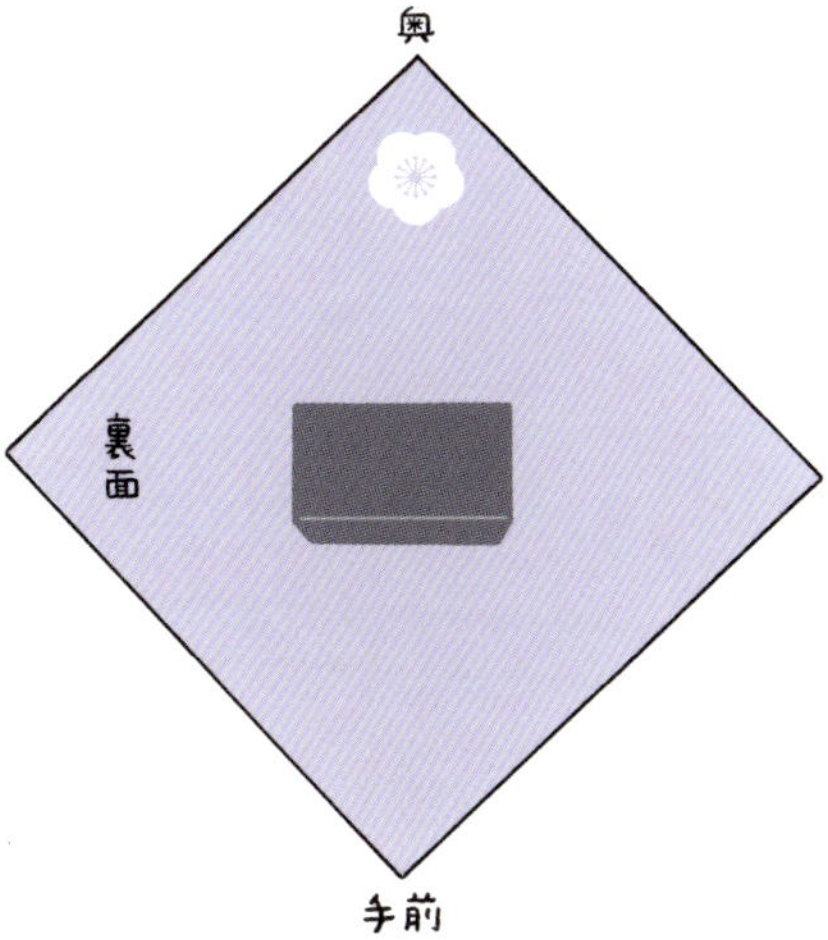

②柄をきれいに見せるには?

ふろしきには、「主柄（おもがら）」と呼ばれる主となる柄が右下にデザインされているタイプが多くあります。贈答品などをこのタイプで包む場合は、主柄をきれいに見せるのがポイント（包み方→13ページ）。

裏面が上になるようにふろしきを広げたら、主柄を自分の対角線上に置きます。こうすると包み終わったとき、きれいに主柄を見せることができます。

③目的に合わせたデザインを選ぶには?

ふろしきにはいろいろなデザインがありますが、主として、上記の主柄タイプ、縁取りタイプ、リバーシブルタイプがあります。60ページ〜でも説明していますが、主柄ならメインの柄を、リバーシブルなら裏面の柄を、縁取りタイプなら枠の部分を効果的に見せるのがポイントです。

主柄

枠取り

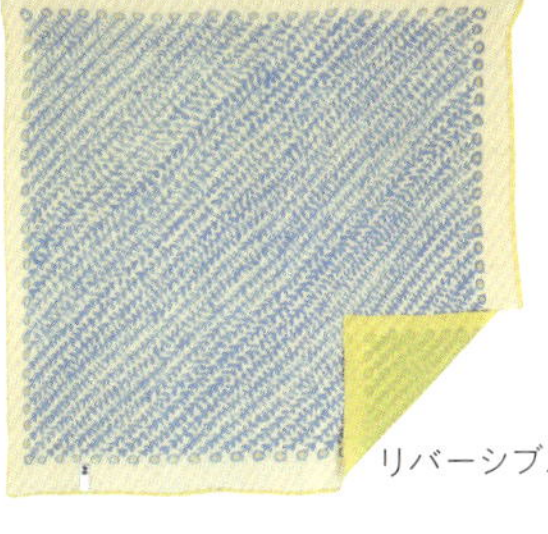
リバーシブル

ふろしき使いの最大のポイント〜結び方〜

ふろしきの扱いの基本は、その結び方にあります。ふろしき使いにも欠かせない「ふたつの結び方」をしっかりとマスターしましょう。

真結び

ふろしきを扱う際、基本となる結び方です。真結びの特徴は「結んだらほどけない」ことと、「強く結んでもちょっとしたコツで簡単にほどける」ことです。結び目を自由にコントロールできることが、ふろしきを自在に使いこなす最大のポイントです。

結び方

1
図のように**a**を上にして、**b**と交差させる。

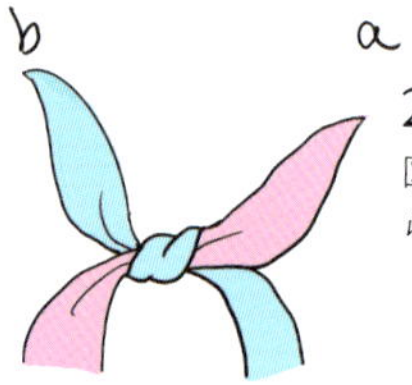

2
図のように**b**を**a**にからませる。

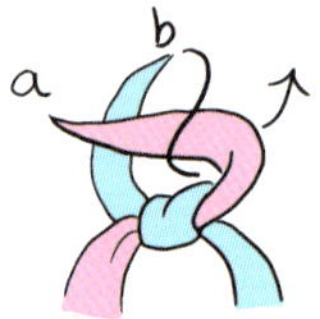

3
aの先端を左に向け、**b**を**a**の上からかぶせてきて輪に通す。

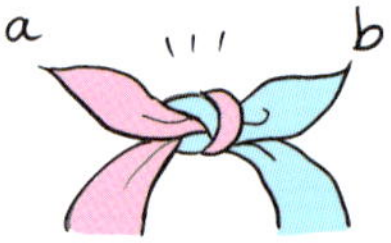

4
aと**b**の先端を左右にギュッとひっぱる。ほどけないように固く結ぶこと。

ほどき方

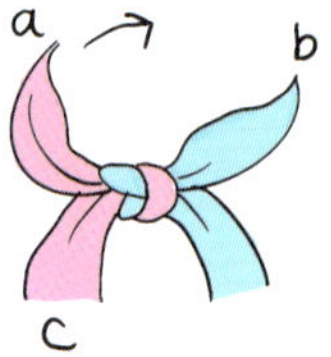

1
左手で**c**を握り、右手で**a**の先端を右へグッとひっぱる。

2
aと**c**が一直線になるところまで強く左右にひっぱる。

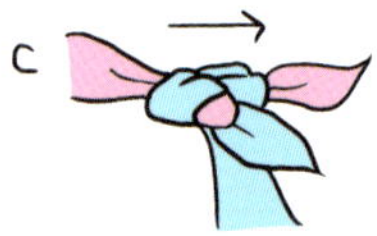

3
aの手を離し、結び目全体を上から軽く握って右方向へ抜くとほどける。

ひとつ結び

長さを調整する時に使います。
結びたい位置を決めるのがポイント。

1
輪の中に先端をくぐらせる。

2
しっかりとひっぱる。

ふろしきの伝統的な包み方

贈答品を包む、伝統的な包み方を紹介します。
きちんと扱えれば、周囲の人からも一目おかれること間違いありません。

平包み

贈答品の包み方の中で、もっとも格が高いと言われています。包む際は、熨斗紙をかけてから包むのが一般的です。

1 ふろしきの裏面を上にして広げ、箱をふろしきの中央に置く。

2 ふろしきを手前から箱にかける。

3 ふろしきの端をしっかりと箱の下に折り込んだら、左側を箱にかける。

4 3と同様に右側を箱にかける。 先端が箱より出たら折り込む。

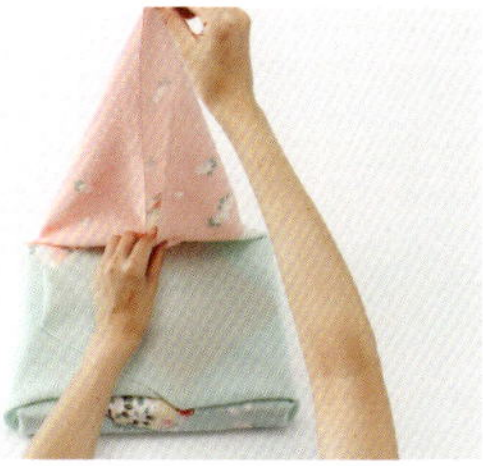

5 最後に奥側を箱にかけてくる。

6 箱の幅にあわせて、ふろしきの先端をしっかりと箱の下に折り込む。

お使い包み

いちばんポピュラーな結び方。
真結びの仕上がりが
できあがりの美しさの決め手です。

1 ふろしきの裏面を上にして広げ、箱中央に置く。

2 手前→奥の順に箱にかぶせ、先は箱の下に折り込む。

3 左右は共に箱の側面の幅に合わせて持ち、箱の中央で真結びする。

4 結び目をととのえ、できあがり。

隠し包み

結び目のある安定感と
結び目を覆うことで
柄の美しさと上品さ
を楽しめます。

1 ふろしきの裏面を上にして広げ、箱をふろしきの中央に置く。

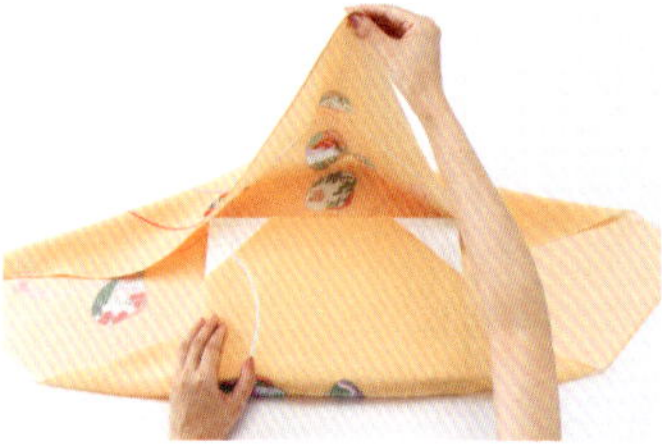

2 ふろしきを、手前→奥の順に箱にかけ、余った部分は箱の下に折り込む。

3 左右の先端を箱の上で真結びし、一度お使い包みに仕上げる。

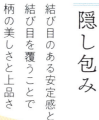

4 2でかけた部分をつまむ。

5 完全に引き抜き、結び目を隠すように上面全体にかぶせる。

6 先端を箱の下に折り込んで、できあがり。

四つ包み

真四角な重箱や、
箱ものを包む場合に最適です。
縦方向からも横方向からも
真結びをするので安定感抜群。
花びらのように開いた結び目が
特徴的です。

1 ふろしきの裏面を上にして広げ、箱をふろしきの中央に置く。

2 左右の端で真結びする。

3 箱を90度回転させる。

4 結び目の上で、左右の端を真結びする。

5 結び目をととのえる。４枚の花弁のように均等にするのがポイント。

瓶一本結び

ワインボトルや一升瓶のラッピングです。ワインボトル一本なら二巾（68〜70cm）、一升瓶なら二四巾（90cm）がベストなサイズです。

1 瓶をふろしきの中央に立てて置く。

2 手前の端と奥の端を持ち上げて瓶の口の上でしっかり一度結び、

3 真結びを仕上げる。

4 左右の端をもちあげ、瓶になるべく沿わせながら後ろに回す。

5 後ろで左右を持ちかえて、手前に回してくる。

6 正面で真結びして結び目をととのえる。

7 3の真結びの結び目を一つほどき、左右をくるくると左右反対方向にねじる。

8 ねじった両端で真結びし、持ち手をつくる。

瓶二本結び

ワインボトルなら二巾（68〜70㎝）、一升瓶なら三巾（104㎝）がベストです。
二本の瓶の形状が同じか、できるだけそろえるのがきれいに仕上げるポイント。

1 瓶二本を底を合わせるように横の対角線上に置く。瓶の間は2〜3㎝ほど空ける。

2 手前の端をかけて、巻いていく。

3 巻き終りの先端が真上になるようにして指で押さえ、

4 3の先端を瓶の底ではさみ込むように瓶を立てる。

5 両方からバランス良く瓶を起こす。

6 瓶の口元でしっかりと真結びする。

7 結び目をととのえる。

Chapter 1

シーンで楽しむ

通勤、お散歩、ショッピング――。
日常のどんなシーンにも、ふろしきバッグは大活躍。
柄や素材を上手に選べば、エレガントにもアクティブにも
コーディネートが楽しめます。
そして、ギフトシーンを盛り上げるのがラッピング。
ときに華やかに、ときにスタイリッシュに贈る相手に心を届ける、
現代ならではのふろしきの使い方も紹介します。

・犬とお散歩
・ゆかたでデート
・のんびりお買い物
・ヨガのレッスンに
・お仕事はスマートに
・ゆったりリゾート
・自転車に乗って
・ギフトラッピング
・ボトルラッピング

犬とお散歩

しずくバッグ

どんなシーンにも似合うしずくバッグ。
この愛らしいドロップ型は
たった3ステップでできあがります。
しかもプラスアルファのアレンジ次第で
かんたんにおしゃれ度がUPできるのは
とっても魅力的です。

column

ワンちゃん専用の
スリングに

お散歩の途中でワンちゃんが疲れてしまったり、駄々をこねて動かなくなってしまって困ったことはありませんか？　そんなときは専用スリングの出番です。作り方はいたってかんたん。38ページのシンプルバッグの中にカゴを入れるだけで完成です。お気に入りのタオルを敷いてあげれば、ワンちゃんのご機嫌も直るはず。

電車に乗って出かけるときも、ケージではなくこのスタイルにしたら軽くてコンパクトで嬉しいですね。

結び方　しずくバッグ

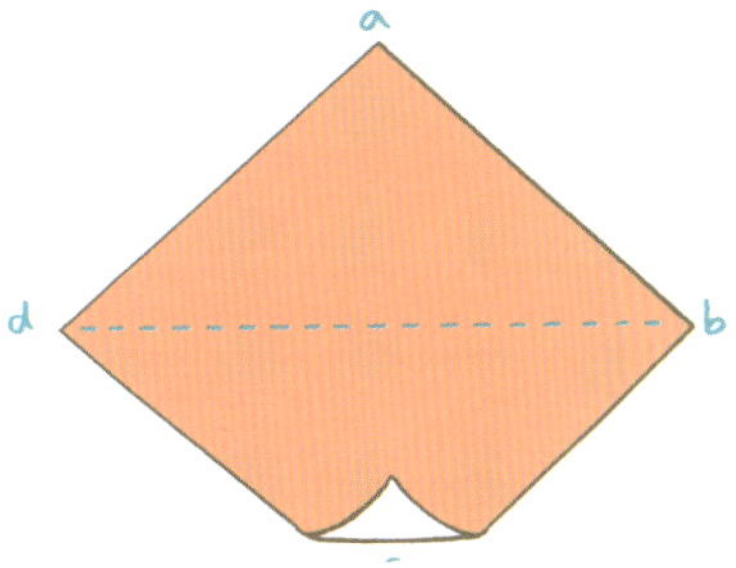

1
ふろしきの表面が上になるように広げる。

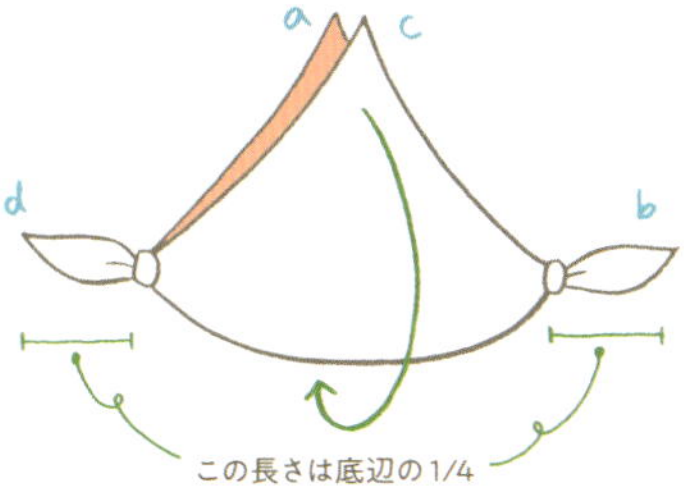

2
aと**c**を合わせるように三角形にしたら、**b**と**d**をそれぞれひとつ結びする。ひとつ結びはあまり端で結ばないこと。

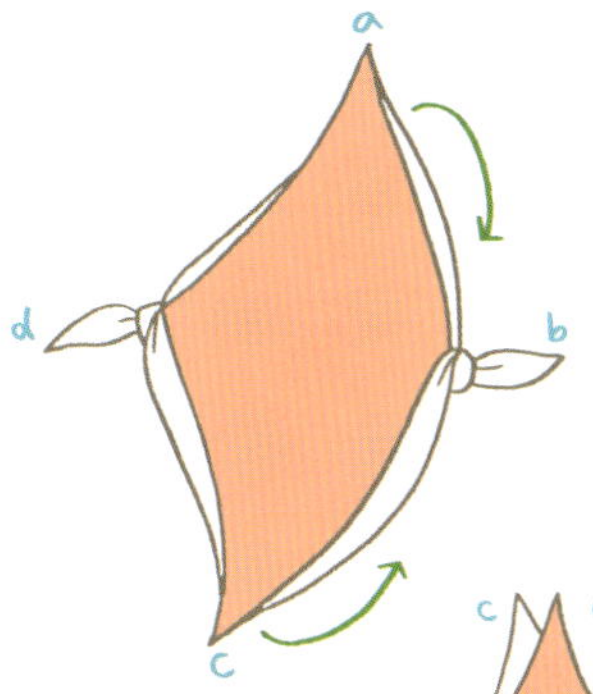

3
表面にひっくり返して**a**と**c**を合わせる。

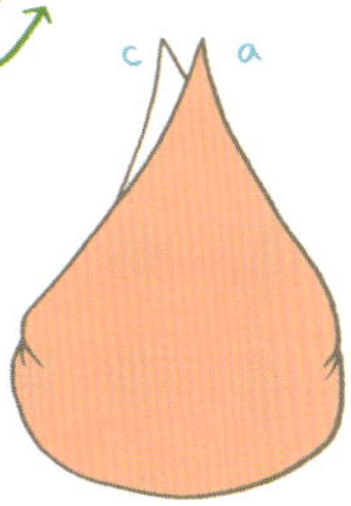

4
結び目は内側に入れ込む。**a**と**c**の先端を真結びする。これが持ち手になる。

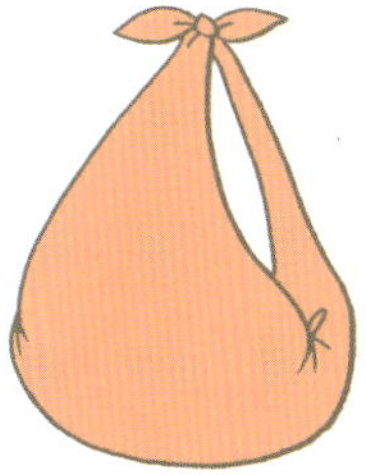

5
しずく型に整えてできあがり。

スナップ
コレクション
01

今日は愛犬とすごす

抱っこして〜。

クッキーちょうだい！

早く！ 早く！

らくちん、
らくちん♪

少し疲れたから、
スリングでお休み。

そろそろ降ろして
もらおうかな…。

次はどこに
行くの？

ゆかたでデート

すいか包み／クイックバッグ

花火大会やお祭りなど夏はゆかたで楽しみたいシーンがいっぱい。
日本の魅力を味わうには絶好のチャンス。
お気に入りのゆかたには素敵なバッグをあわせたいもの。
とはいえわざわざ新調する必要はなし。
ゆかたにあうふろしきでオリジナルバッグを。

column

中身を連想させる包み方は盛り上げ上手

すいかは夏の風物詩。最近では丸ごと買うことも少なくなりました。でも大勢で集まるときのお土産には、一個丸ごとのすいかはきっと喜ばれるはず。そんなときは、丸い形がいかにも中身を連想させる「すいか包み」で。ポイントは余分な布を端に寄せて丸い形状をボディコンシャスに仕上げること。ふるさとから届いたみかんやりんごも、かごに盛り合わせ「すいか包み」でおすそわけ。冬の手土産にも使えます。その他エコスタイルではデイリーにも大活躍。サイズを変えて色々楽しめます。

結び方　すいか包み／クイックバッグ

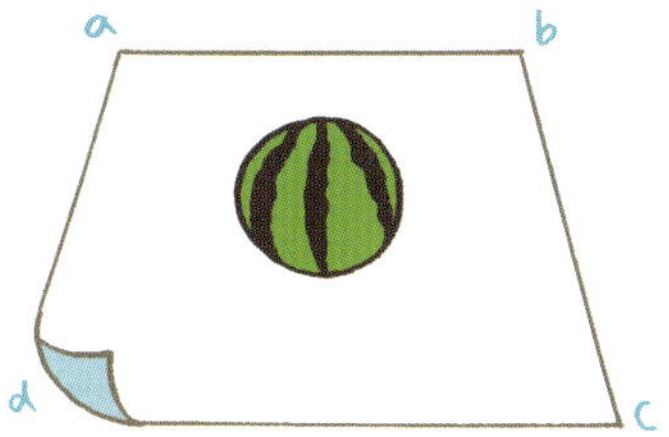

1
ふろしきの裏面が上になるように広げる。

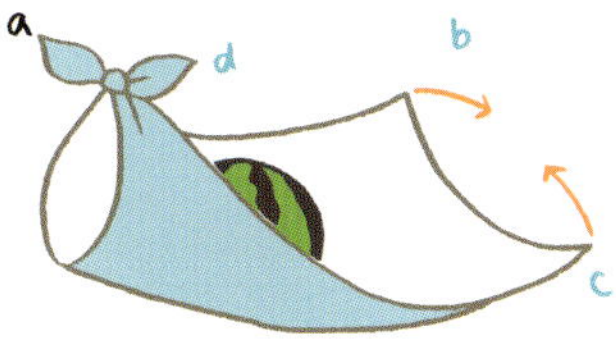

2
aと**d**を輪を作るように真結びする。**b**と**c**も同様に真結びする。

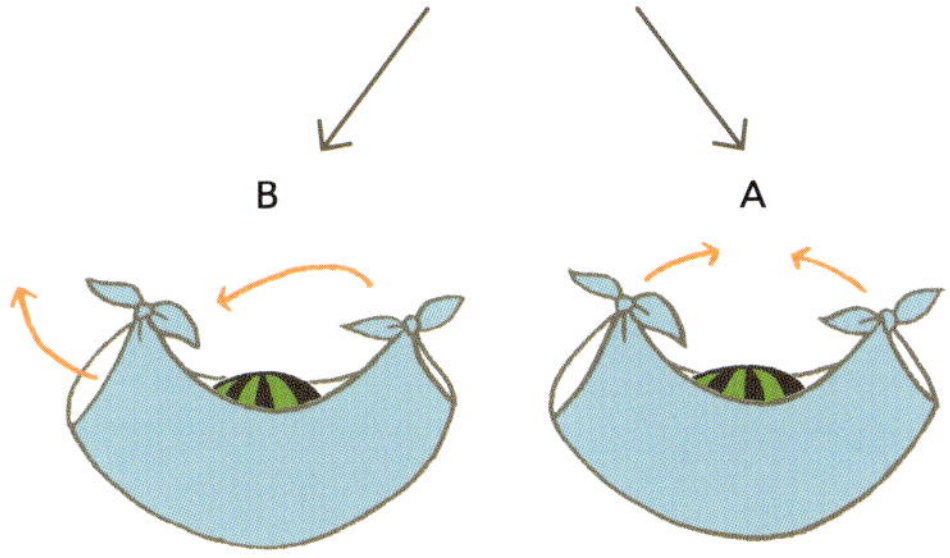

3
A ふたつの真結びをいっしょに持つ。
B 片方の真結びを、反対の輪の中に通す。

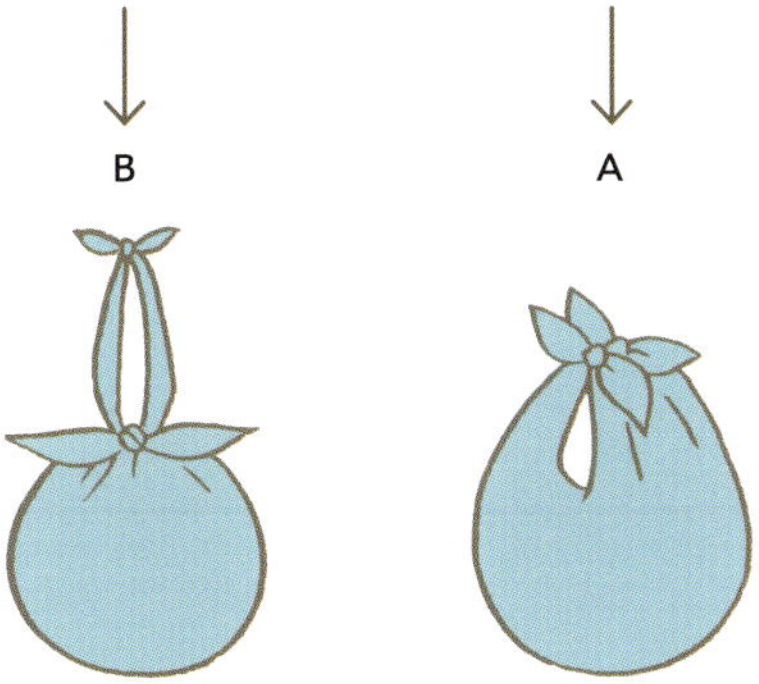

4
A ふたつの輪の中に手を通して持つことができる（クイックバッグ）。
B 中身の形に添うように、ふろしきを整える（すいか包み）。

スナップ
コレクション
02

夏はゆかたでデート

ゆかたにあわせた
ふろしきバッグ。

とってもいいお天気に
なりました。

まだかなあ…。

そろそろ出かけましょう。

彼がすいかを持ってきてくれました！

暑いけどいい気持ち！

お出かけ前にすいかをいただきます。

のんびりお買い物

きんちゃくバッグ

ちょっとしたお買い物なら、
きんちゃくバッグがおすすめです。
口が簡単に開閉できて
中身を落とす心配もなく、収納力も抜群です。
サイズを変えても楽しめます。

column

レジ袋いらずの
即席エコバッグ

お買い物にエコバッグはもはや定番ですが、ここでは一歩先を行くエコバッグをご紹介。スーパーで精算を済ませたら、レジかごをもうひとつ準備。そこにふろしきを広げます。そしてそのふろしきの上に商品を移します。その後、右の工程できんちゃくバッグに仕上げましょう。買い物の中身も見えず、手も痛くならない、地球にも人にも優しいエコ対策。

結び方　きんちゃくバッグ

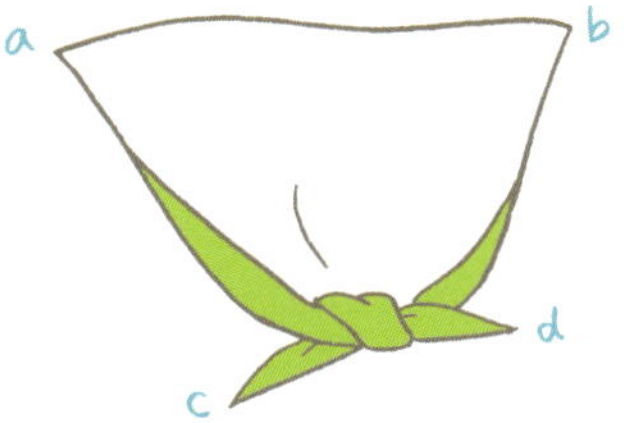

1
ふろしきの裏面が上になるように広げる。**c**と**d**を大きく一回結ぶ。**a**と**b**も同様に大きく一回結ぶ。

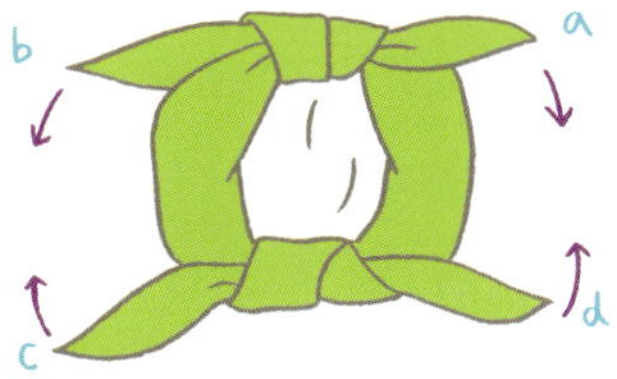

2
図のように、**a**と**d**、**b**と**c**の先端を真結びして持ち手を作る。

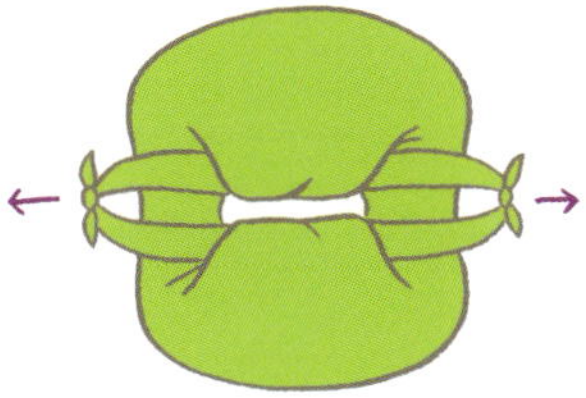

3
持ち手を図のように左右にひっぱって形を整える。

4
できあがり。口を簡単に開閉させることができて便利。

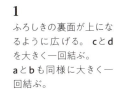

ヨガのレッスンに

二つ結び

細長いものを包むのは案外難しいもの。でも、
この二つ結びなら布の端が足らなくても大丈夫。
ヨガマットだって簡単に包めます。
もともとは、日本の箱や掛け軸などを包む
伝統的な包み方です。
二つの真結びが可愛らしい印象です。

結び方　二つ結び

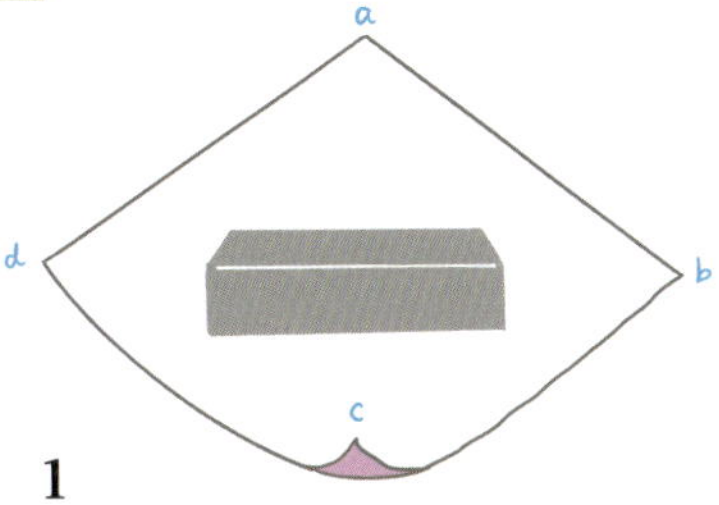

1
包むものを風呂敷の中央に置く。

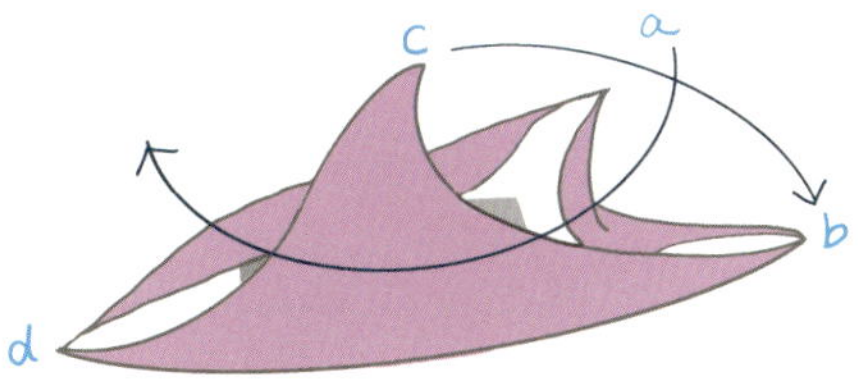

2
aと**c**をトップで交差させて、手を左右持ちかえる。

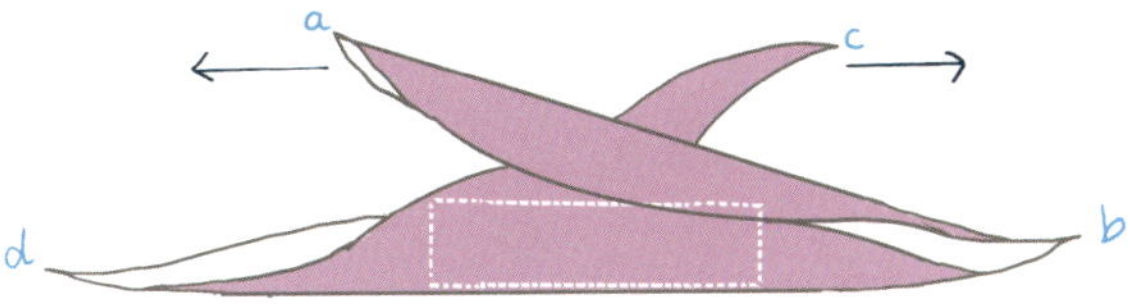

3
そのまま左右に引っ張る。

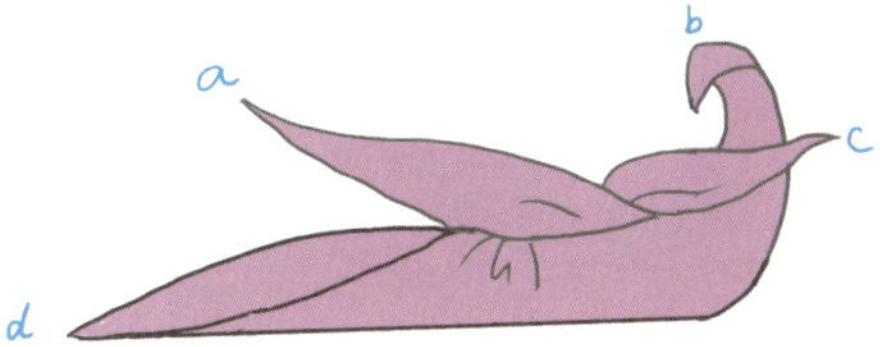

4
右方向に引っ張った**c**と**b**で真結びする。

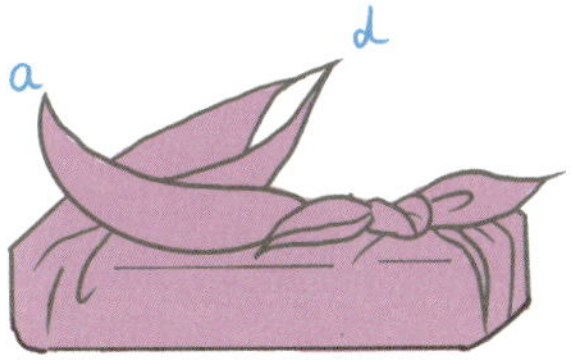

5
左側も同様に**a**と**d**を真結びする。

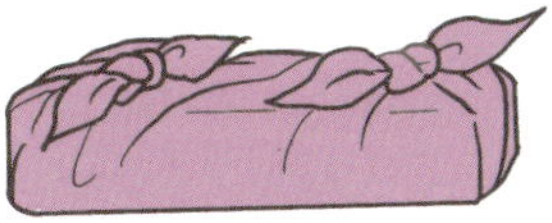

6
結び目や全体をととのえる。

---

column

大切なもの、大きなものを包むときにも重宝

本来は、横長のものを包むために、工夫して生まれた先人の知恵が詰まった結び方です。しっかり結べるとともに、リバーシブルの風呂敷を使えば、結び目の色合わせも楽しめます。

お仕事はスマートに

リボンバッグ

仕事使いのサブバッグには機能性が必須。
用途にあわせて使いこなせば、仕事の効率もアップ間違いなし。
大きな結び目がポイントのリボンバッグは
パソコンやファイルなどのハードなアイテムもおしゃれに持ち歩けます。

側面の結び目を内側にすると、自然なカーブで体に沿います。 結び目のない方は袋状になっているので、バッグにしてからPCのコードや細々したものの収納に便利。

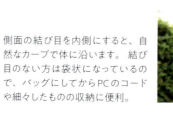

column

資料が多い会議でも大活躍!

中身にあわせて自在に形を変えられるのがふろしきバッグの魅力。中身の増減があればあるほど、ふろしきは強い味方です。通勤時にPCを入れてきたふろしきは、資料の多い会議では、ファイルボックスごとバッグに仕立てることができます。

会議中、エアコンがききすぎているならショールやひざ掛けにも早変わり! オフィスでもふろしきは大活躍です。

結び方　リボンバッグ

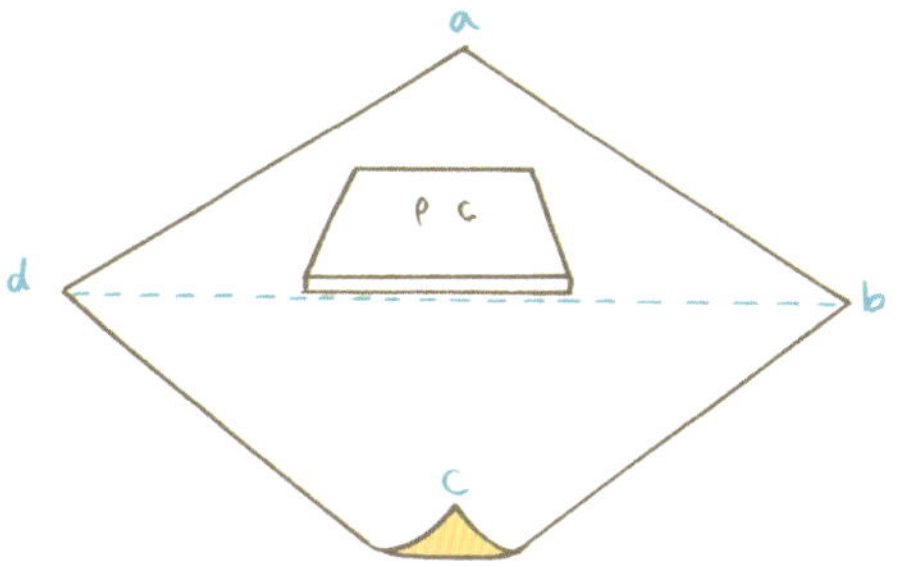

1
ふろしきの裏面が上になるように広げる。**b**と**d**の対角線とパソコンの下辺が重なるようにパソコンを置く。

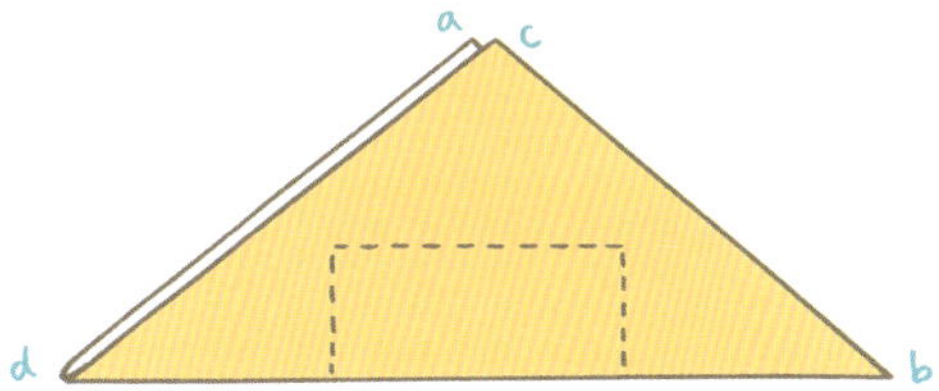

2
aと**c**を合わせるように重ね合わせる。

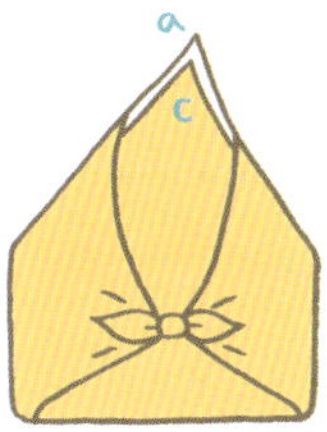

3
図のように**b**と**d**を真結びしてパソコンが動かないように固定する。**a**と**c**の先端で真結びして持ち手を作る。

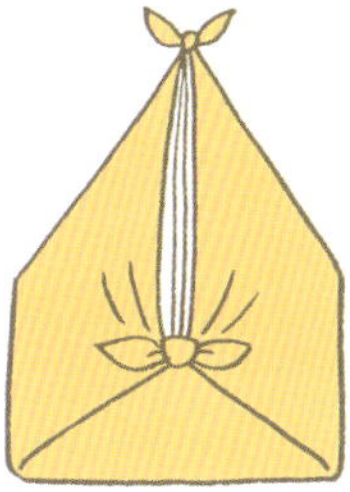

4
できあがり。

ゆったりリゾート

ショルダーバッグ

リゾート地でのお買い物には、ビビッドカラーがよくお似合い。
コンパクトサイズのショルダーバッグなら
旅先で必要な最小限の荷物をコンパクトに収納できます。
シワになりにくいニット素材なのも
旅先では嬉しいアイテムです。

c o l u m n

パレオにしたら素敵な リゾートファッションに

ふろしきは、物を包んだり、バッグにする以外にもいろいろな利用方法があります。

たとえば、南の島へリゾートなら、パレオ感覚でファッションに取り入れるのも素敵。ビーチやプールサイドなら敷物代わりに。また移動中の機内や、ホテルのエアコン対策にはショールとしても活躍してくれます。トランクの整理から、ショッピングで増えた荷物まで…旅先には、是非何枚かしのばせていきたいものですね。

結び方　ショルダーバッグ

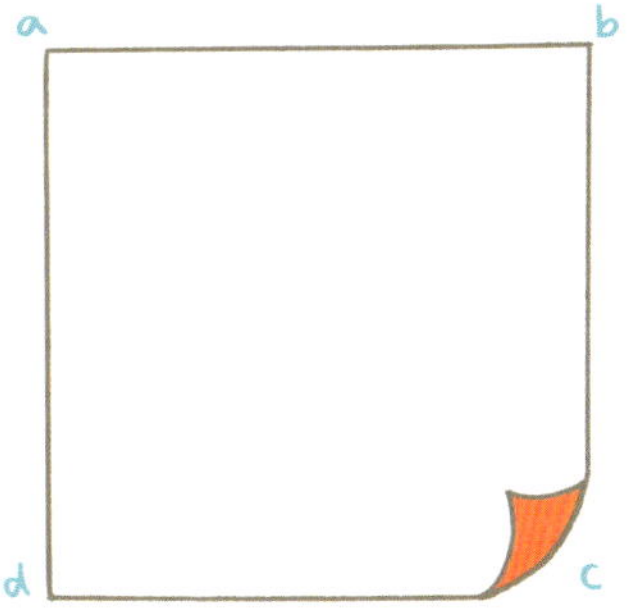

1
ふろしきの裏面が上になるように広げる。

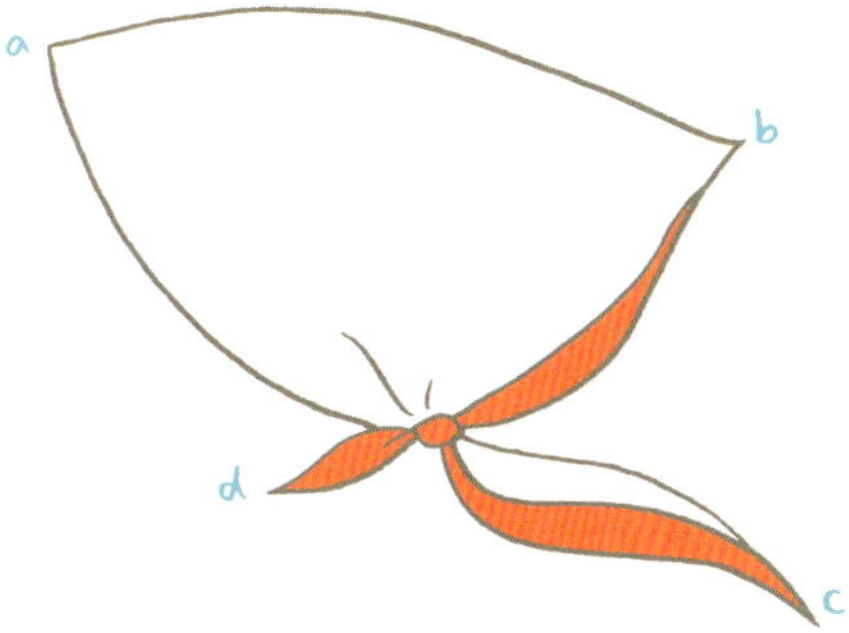

2
cと**d**を真結びする。このとき、**d**よりも**c**を長くしておく。

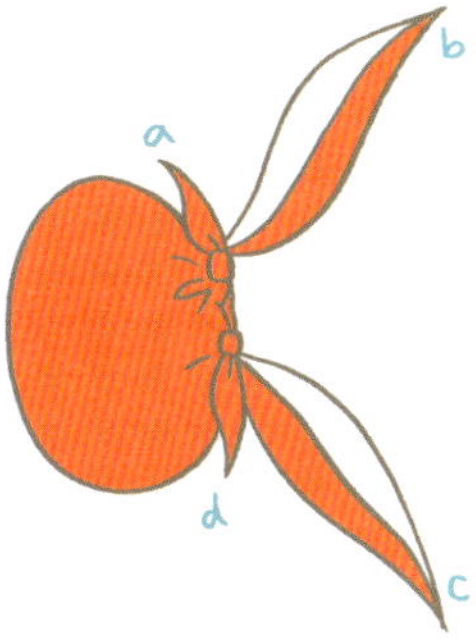

3
反対の**a**と**b**も同様に真結びする。
長くした**b**と**c**を真結びする。

4
できあがり。

自転車に乗って

ボディバッグ

カジュアルな街乗りスタイルには
スポーティーなボディバッグをあわせて。
リングで端をしっかり固定するので、
中身が飛び出す心配もありません。
結びジワのつきにくい、
クシュクシュのシワ加工タイプなので、
ハードユースにどんどん使えます。

column

フェミニンなバッグに早変わり

自転車を降りたら、今度は中身の取り出しやすい手さげタイプにアレンジしましょう。こんな早変わりができるのも、ふろしきならではの楽しみ方。

結び方4で、はめたリングをはずして、再度結びなおしたら内側の真結びといっしょに持ち、持ち手のサイズを同じにするとドーナツバッグのできあがり!

(結び方→73ページ)

結び方　ボディバッグ

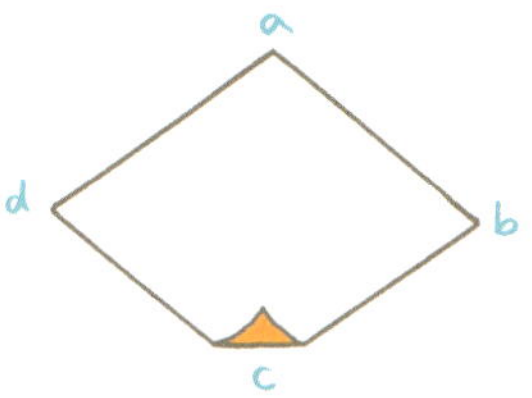

1
ふろしきの裏面が上になるように広げる。

2
aと**c**を大きく一回結ぶ。

3
aと**c**の先端をさらに真結びする

4
bと**d**の先端から、それぞれリング(内径約2cm)を通す。**b**と**d**の先端を真結びする。

5
できあがり。
斜めがけのボディバッグのほか、ショルダーバッグとしても使える。

What's inside?

3か所結ぶだけのシンプルバッグ。 実は万能バッグなんです。
下の4つのバッグはすべて同じバッグ、 同じ結び方です。
中身の形状やサイズを問わず対応できる優れもの。
さて、 その中身は?

結び方→44ページ

バッグの中身は？

Simple bag

シンプルバッグで運ぶ

←答えは次のページに

This one is!

大きさが決まっている既成の袋には、
持ち運びする中身にどうしても限界があります。
ふろしきなら結び目の位置を変えれば、 中身の形状や大きさを問いません。
無限の可能性を秘めたふろしきバッグは、
まさに「バッグを超えたバッグ」なのです。

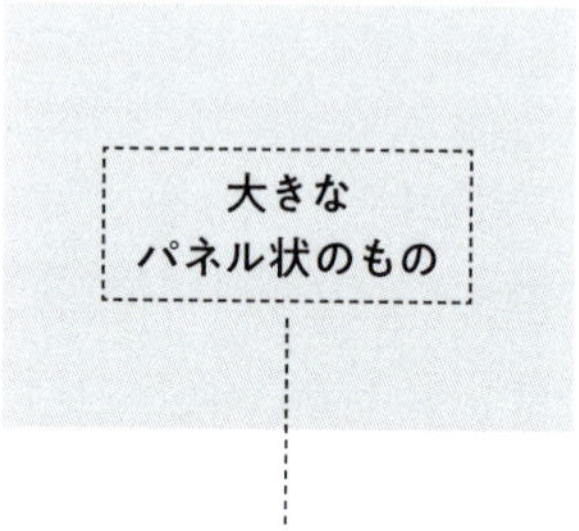

Picture frame

大きなパネルは、ひもをかける以外は持ち運びにくい代物。 左右の結び目で調整すれば、ショルダーで持ち運べます。

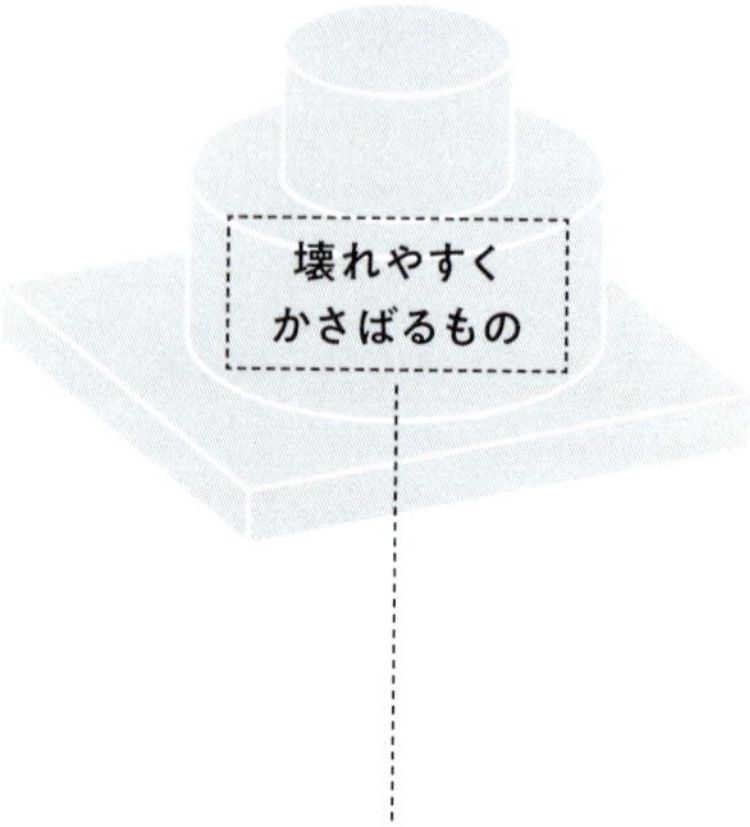

Flower arrangement

繊細で、壊れやすく、かさばるものも安心。

中身はこれ！

Simple bag

シンプルバッグで運ぶ

**マチが広くて
四角いもの**

Cake

安定させて持って行きたい、でも抱えるには大変なケーキの箱も、持ちやすくて安心。

**丸型、オーバル型の
平らなもの**

Plate

持ち寄りパーティーなら、料理を盛りつけラップをすればそのままでOK。 タッパーや寿司桶、お鍋だって大丈夫!

ふろしきが、一枚の布だからできる楽しみ方を紹介します。手持ちのバッグを使ってふろしきでドレスアップ。
バッグがベースになると、型くずれしないので安心です。ファッションとのコーディネートを考えてみるのも楽しそう。

結び方→45ページ

リゾートも シーズンも 2倍楽しむ

リゾートへはなるべく身軽に出かけたいもの。 でもディナーやショッピングはおしゃれに装いたい―。 そして夏に大活躍したバスケット、秋からはどう使う? そんな時、こんな楽しみ方はいかが?

バッグアレンジの楽しみ方

On Time の
バッグが早変わり

革製のバッグが、ささっとアフター5仕様に早変わり。これからお友達と待ち合わせ。バッグが変わっただけなのに気分もすっかりドレスアップ。今日の話題はこのバッグから?

結び方　シンプルバッグで運ぶ

写真→21、38、39ページ

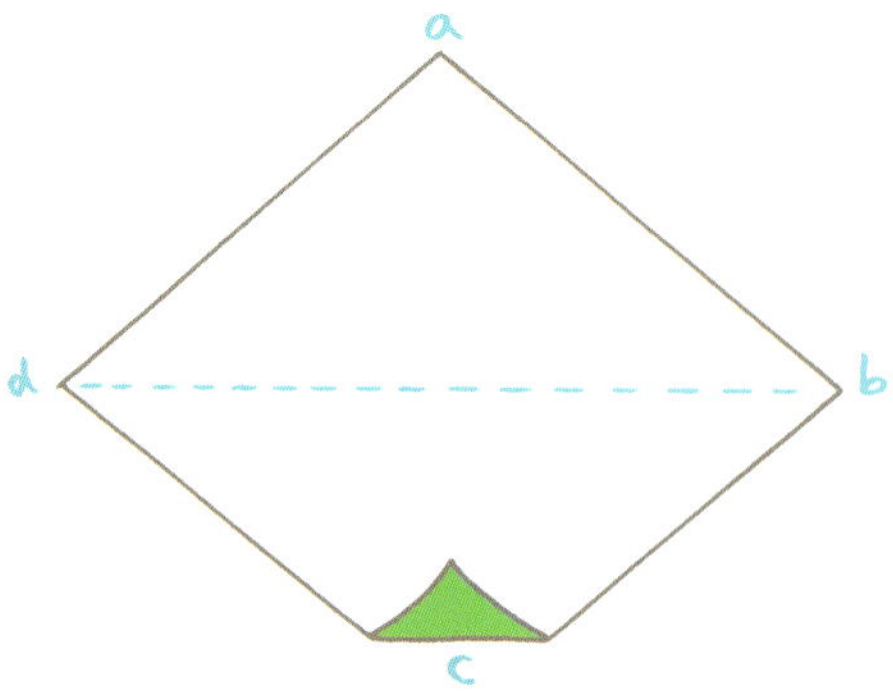

1
ふろしきの裏面が上になるように広げる。

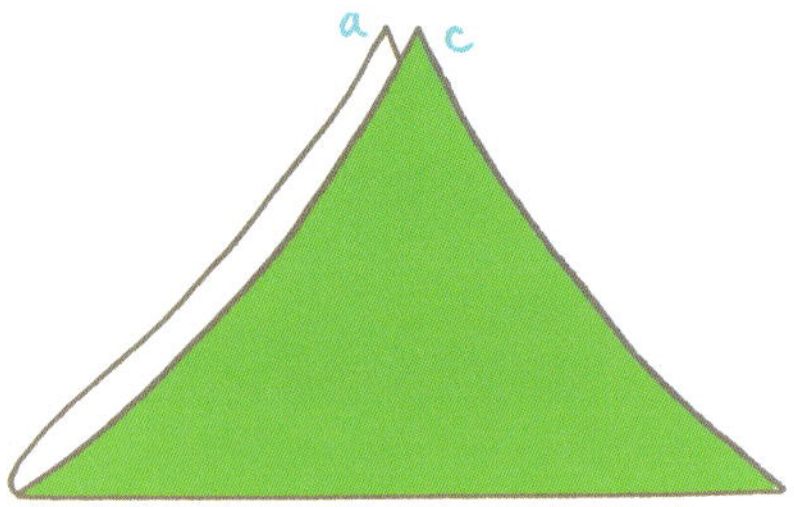

2
aと**c**を合わせて三角形にする。

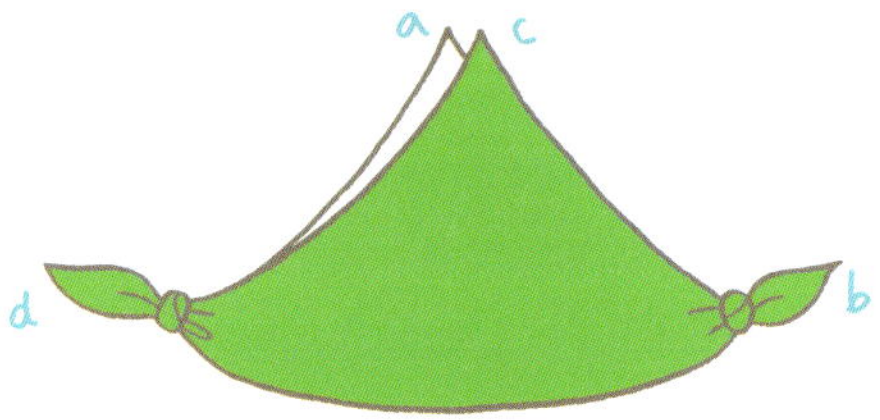

3
bと**d**を、それぞれひとつ結びする。

4
aと**c**の先端を真結びして、できあがり。

結び方　On Time のバッグが早変わり

写真→43ページ

1
ふろしきの裏面が上になるように
広げ、中央にバッグを置く。

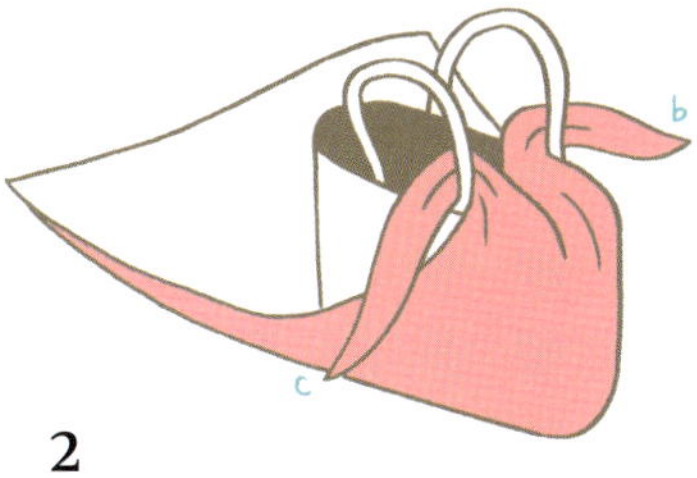

2
図のように、**b**と**c**をバッグの
側面から持ち手に通し、左右に
ひっぱる。

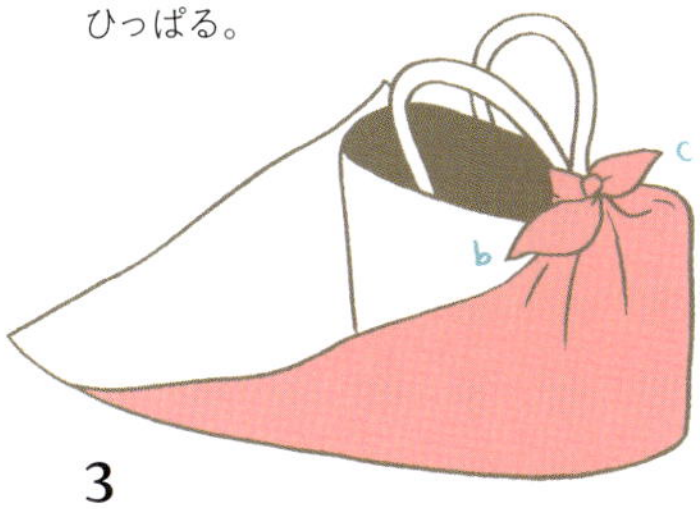

3
そのまま**b**と**c**を持ち手の側面で
真結びする。

4
aと**d**も、同様にバッグの持ち手
に通し、真結びしてできあがり。

結び方　リゾートもシーズンも２倍楽しむ

写真→42ページ

1
ふろしきの裏面が上になるように
広げ、中央にバッグを置く。

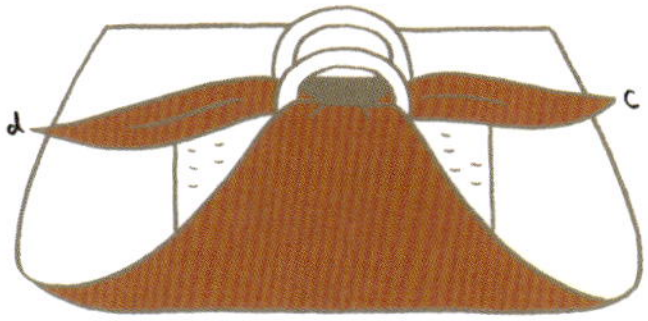

2
図のように、**dc**を左右それぞれ
手前から持ち手に通し、左右に
ひっぱる。

3
そのまま**d**と**c**を真結びする。

4
aと**b**も、同様にバッグの持ち手
に通し、真結びしてできあがり。

Gift Wrapping

ギフトラッピング

BOURGOG
APPELLATION D'ORIGINE
CHARDONNA
2021
LAURENT CHARD

Bottle Wrapping
ボトルラッピング

写真→46、47ページ

花包み

花包みは、ギフトラッピング
人気ナンバーワン。四角いもの、
丸いものなんでもOK。
リバーシブルの風呂敷なら、
花の部分に
裏面を出してみても素敵。

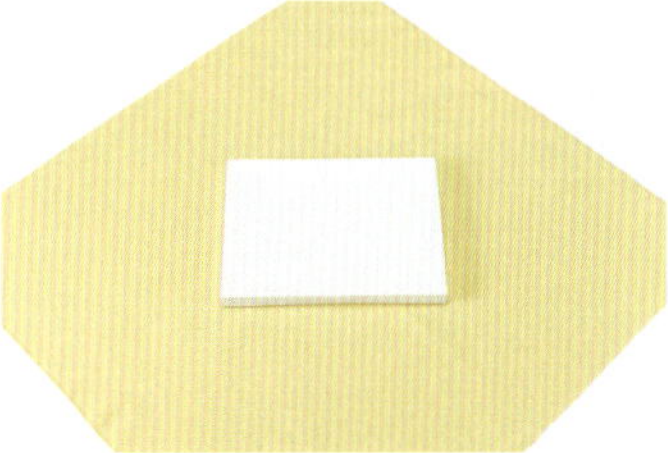

1 ふろしきの裏面を上にして広げ、包むものを中央に置く。

2 手前の端と奥の端を持ち上げてあわせる。

3 手前と奥の端を箱のトップにたぐりよせて、根元をしっかりと握る。

4 右の端を**3**の後ろに回し、そのまま反時計回りに前方に持ってくる。

5 左の端も同様に時計回りに前方に持ってくる。

6 前方に持ってきた左右の端を、手前で真結びする。

7 **3**の右手で持っていたところを手前と奥に開き、先端から5㎝ほどのところをつまむ。

8 **7**でつまんだところを中心の穴に差し込み、左手で花びらの裏を上に引っ張る。

9 手前も同様に差し込み（右）、花びらをととのえる（左）。

写真→46ページ

花包みのアレンジ

花包みに輪ゴムを使うことでかんたんにアレンジでき、花びらと葉のボリュームがアップし、よりゴージャスなラッピングに。

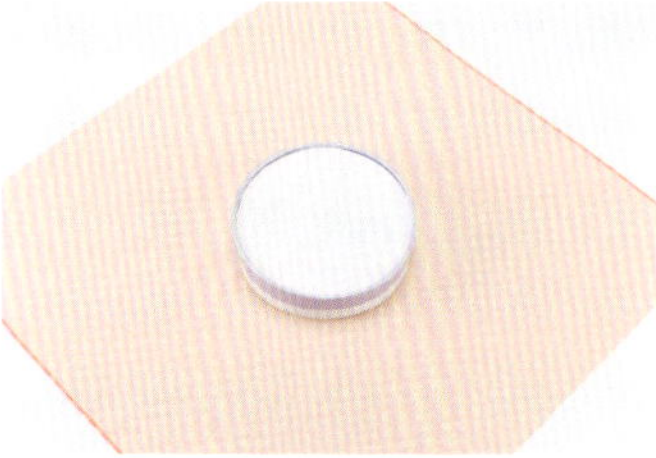

1 ふろしきの裏面を上にして広げ、包むものを中央に置く。

2 手前と奥の端を箱のトップにたぐりよせて、根元をしっかりと握る。

3 左右の端も同様にたぐりよせる。

4 輪ゴム2本を用意し、握っている4枚の根元をしっかりとめる。

5 花びらの根元の輪ゴムを2本、外向きに引っ張る。

6 花びらの先を輪ゴムに通し、葉に見立てる。

7 花びら部分を広げてととのえる。

8 残りの花びら3枚も同様に輪ゴムに通す。

9 全体のバランスをととのえる。

写真→47ページ

リボン包み

本やフラットな箱（回転させてもいい中身のもの）に向いています。スッキリした印象なので男性へのギフトにもおすすめです。

1 奥の角と右の角をつなぐ辺の1/2のところから内側に10cmほど入ったところに、箱の右上角を合わせて置く。

2 箱の右上角にしっかりふろしきがかかるか、いったんチェックする。

3 箱を手前にパタンと回転させる。

4 手前の端を箱にかける。

5 左端をかける。

6 箱ごと奥へ回転させる。

7 回転させた位置が**1**と同位置になる。

8 箱の右上角に右上の辺をかぶせる。

9 右手で箱の右上を押さえながら、ふろしきの上端を持ち上げる。

10 9と同様にふろしきの右端を持ち上げる。

11 9と10を箱の右上角で真結びする。

12 結び目をととのえ、できあがり。

リボン包みのアレンジ

リボン包みの最後の工程で輪ゴムを使うことで、より華やかなアレンジができます。

写真→46ページ

1 リボン包みの10までを同様に行い、2本を根元をしっかり持つ。

2 輪ゴム2本で根元をしっかりとめる。

3 輪ゴムでとめた上を広げてととのえる。

4 輪ゴムを外向きに引っ張り、そこに花びらの先を通す。

5 花びら部分を広げてととのえる。もう1枚も同様に。

6 花びらと葉のバランスをととのえ、できあがり。

写真→48ページ

瓶包み

シンプルな印象の包み方も
枠取りタイプを使えば
ボディと結び目の
コントラストが際立ちます。

1 ふろしきの裏面を上にして広げ、瓶の底がふろしきの中央にくるように置く。

2 手前を持ち上げて瓶を覆う。

3 奥側も同様にかぶせる。

4 左右をしっかり握る。

5 手前で交差させて瓶を起こす。

6 瓶を180度回転させ、手前で一度しっかり結ぶ。

7 真結びに仕上げて、結び目をととのえ、できあがり。

瓶包みのアレンジ二種

中心部分のアレンジで
かんたんに印象の違った
仕上がりを楽しむことができます。

写真→48、49ページ

1 瓶包みの**5**までを同様に行い、瓶を180度回転させたら、左右の根元を輪ゴム2本でくくる。

2 くくった輪ゴムを外側に引っ張り、同時に先端から5cmほどのところをつまむ。

3 ほどよく先端が出るように輪ゴムに通す。

4 もう片方も同様に行い、中央部分は花に、先端は葉っぱに見立て完成。

1 瓶包みの**6**までを同様に行う。

2 そのままふろしきの右の先端を外方向に巻きつけていく。

3 左側も同様に行う。

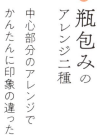

ワインギフト

華やかにワインボトルを包むなら、
輪ゴムを使うテクニックで
差をつけましょう！

写真→49ページ

1 ふろしきの裏面を上にして広げ、中央に瓶を立てて置く。

2 手前の端を瓶の高さに折って調節し、持ち上げる。

3 屏風のように折りたたみ、ひだをつくる。

4 たたんだ部分を輪ゴム2本で瓶にくくる。

5 奥側も同様に。

6 左右の端を持ち、瓶にそわせながら後ろに回す。

7 後方で左右を交差させ、前方に回してきて輪ゴムでくくる。

8 くくったところを左右に広げてととのえる。

9 先端から5cmほどのところをつまむ。

10 9でつまんだところを中心の穴に差し込む。

11 穴に差し込みながら花びらをととのえる。

12 もう一方も同様に差し込み、花びらをととのえ完成。

Chapter 2

色柄を楽しむ

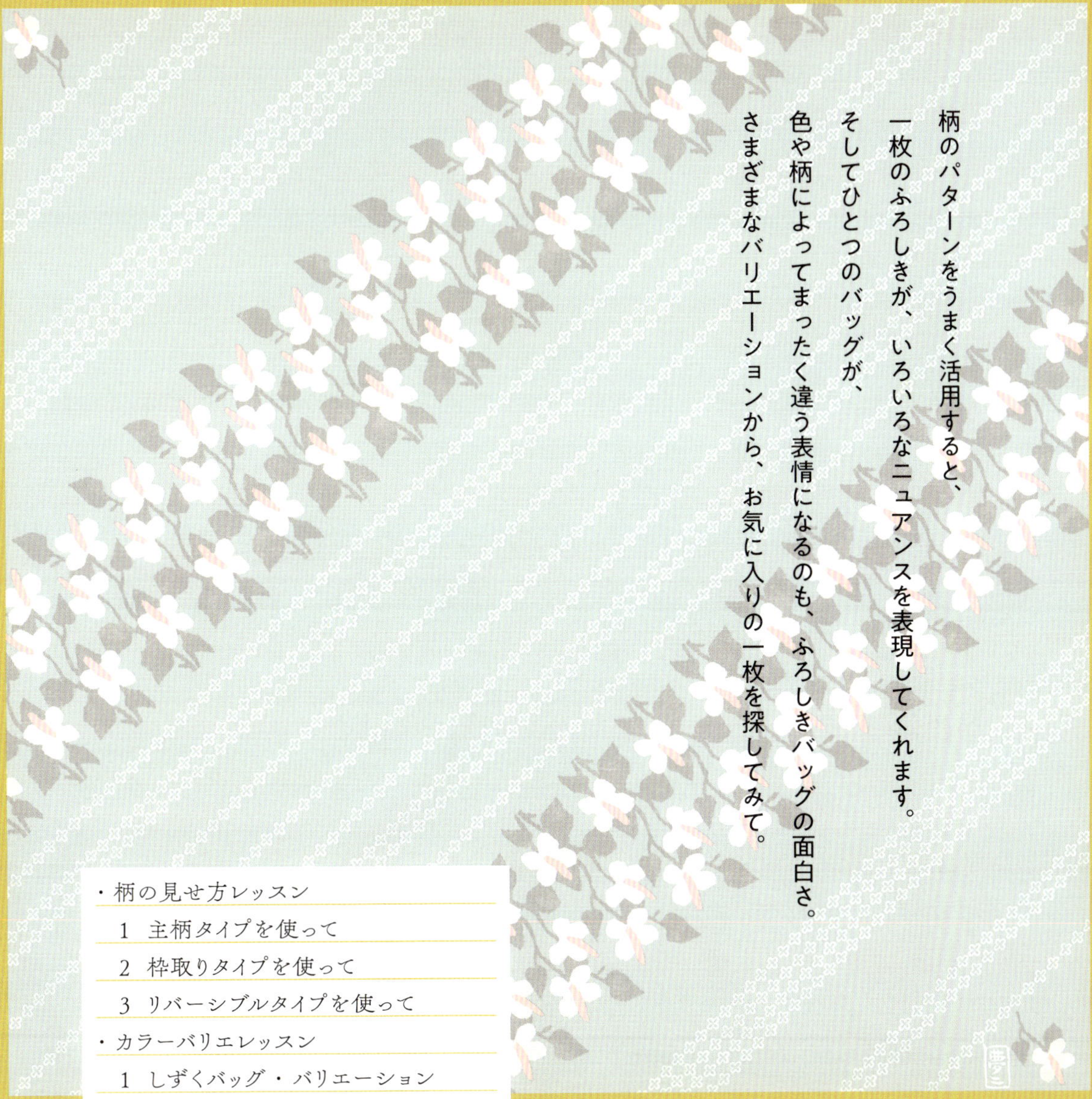

柄のパターンをうまく活用すると、
一枚のふろしきが、いろいろなニュアンスを表現してくれます。
そしてひとつのバッグが、
色や柄によってまったく違う表情になるのも、ふろしきバッグの面白さ。
さまざまなバリエーションから、お気に入りの一枚を探してみて。

- 柄の見せ方レッスン
  - 1　主柄タイプを使って
  - 2　枠取りタイプを使って
  - 3　リバーシブルタイプを使って
- カラーバリエレッスン
  - 1　しずくバッグ・バリエーション
  - 2　リボンバッグ・バリエーション
  - 3　キャンパスバッグ・バリエーション

柄の見せ方
レッスン
1

OMOGARA

主柄タイプを使って

ドレッシーバッグ
結び方→101ページ

すいか包み
結び方→25ページ

主柄（おもがら）とは、
描かれた絵柄の主たる文様のこと。
右下に描かれていることが多く、
ふろしきの代表的な構図です。
主柄をどの位置にもってきたら
素敵な仕上がりになるか――。
考えるだけでもワクワクします。

しずくバッグ
結び方→21ページ

リボンバッグ
結び方→33ページ

柄の見せ方
レッスン
2

WAKUDORI

枠取りタイプを使って

さお包み
結び方→72ページ

バルーンバッグ
結び方→72ページ

枠取り柄は、額縁のように
4方向が枠取りされた構図です。
縁の出し方で、結び目などに
ポイントあしらいがしやすく、
コントラストを楽しめます。
今日はどんな風に使おうかな——。
あなたのお気に入りを
見つけてください。

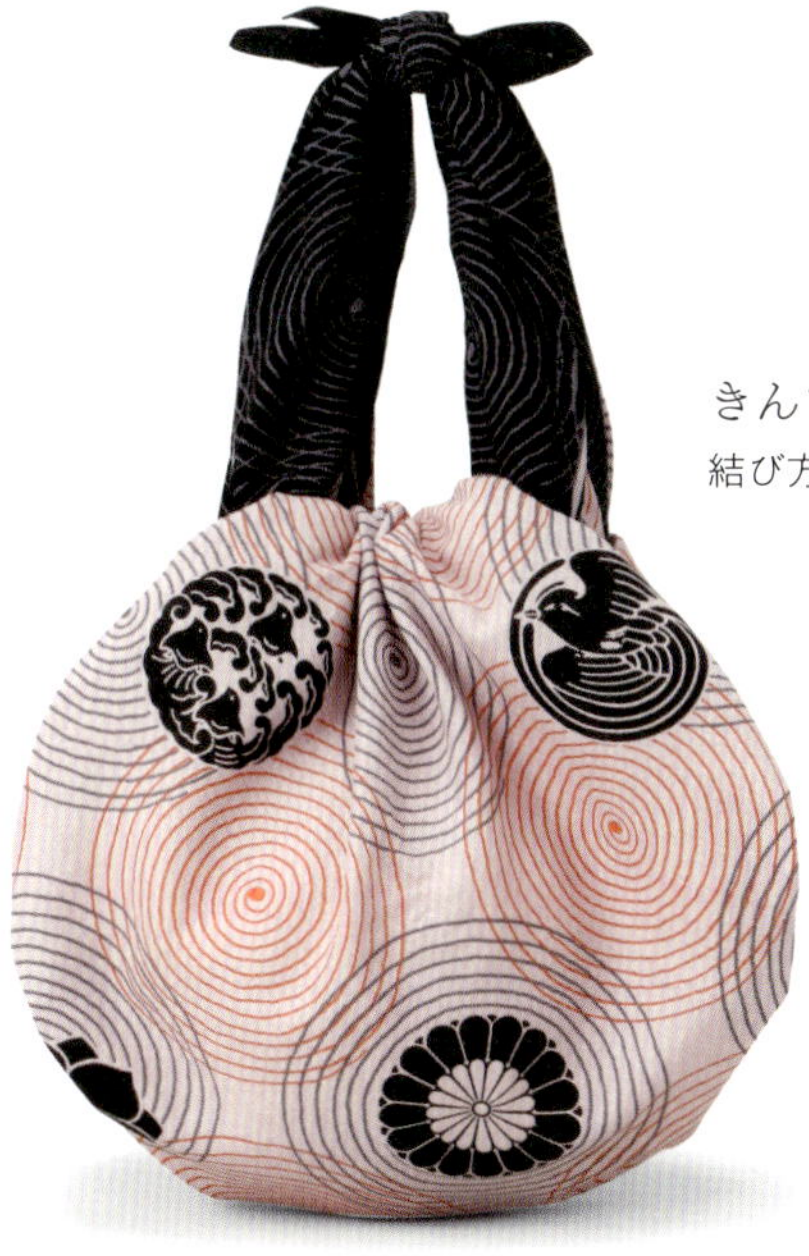

きんちゃくバッグ
結び方→29ページ

キャンパスバッグ
結び方→72ページ

柄の見せ方レッスン 3

REVERSIBLE
リバーシブルタイプを使って

ドーナツバッグ
結び方→73ページ

ショルダーバッグ
結び方→35ページ

リバーシブルは、表と裏に
違う色や柄を配した
ふろしきならではのパターン。
ふた通りの個性を楽しみつつ
どちらをどれくらい見せるのか――。
そこはあなたのセンス次第。
両面を楽しむ遊び心で、
あなたならどう使いますか？

おでかけバッグ
結び方→73ページ

すいか包み
結び方→25ページ

カラーバリエ
レッスン
1

しずくバッグ・バリエーション

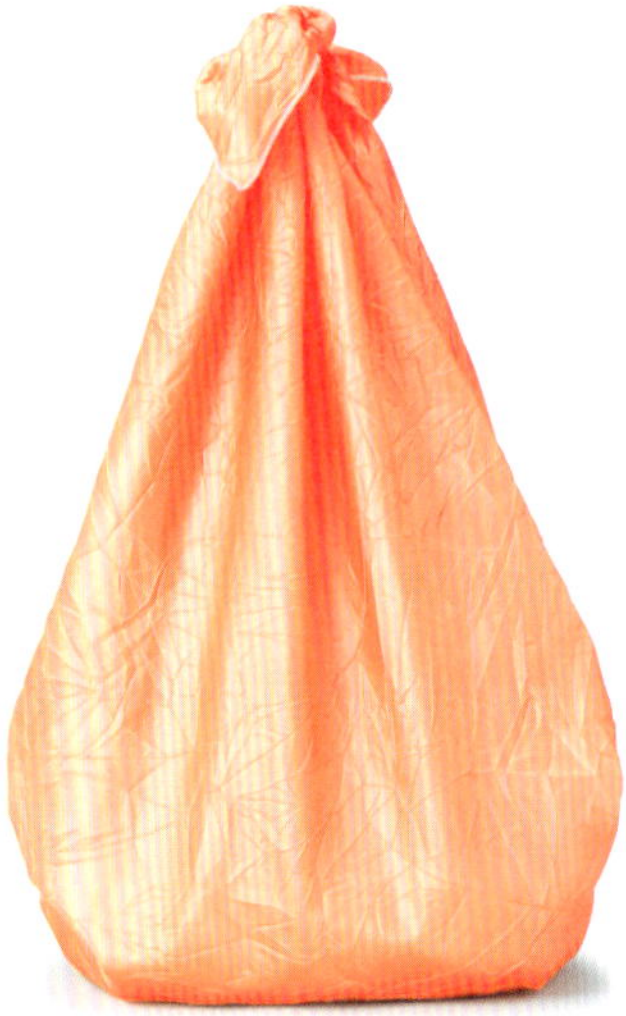

赤やピンクやオレンジで　結び方→21ページ

カラーバリエ
レッスン
2

リボンバッグ・バリエーション

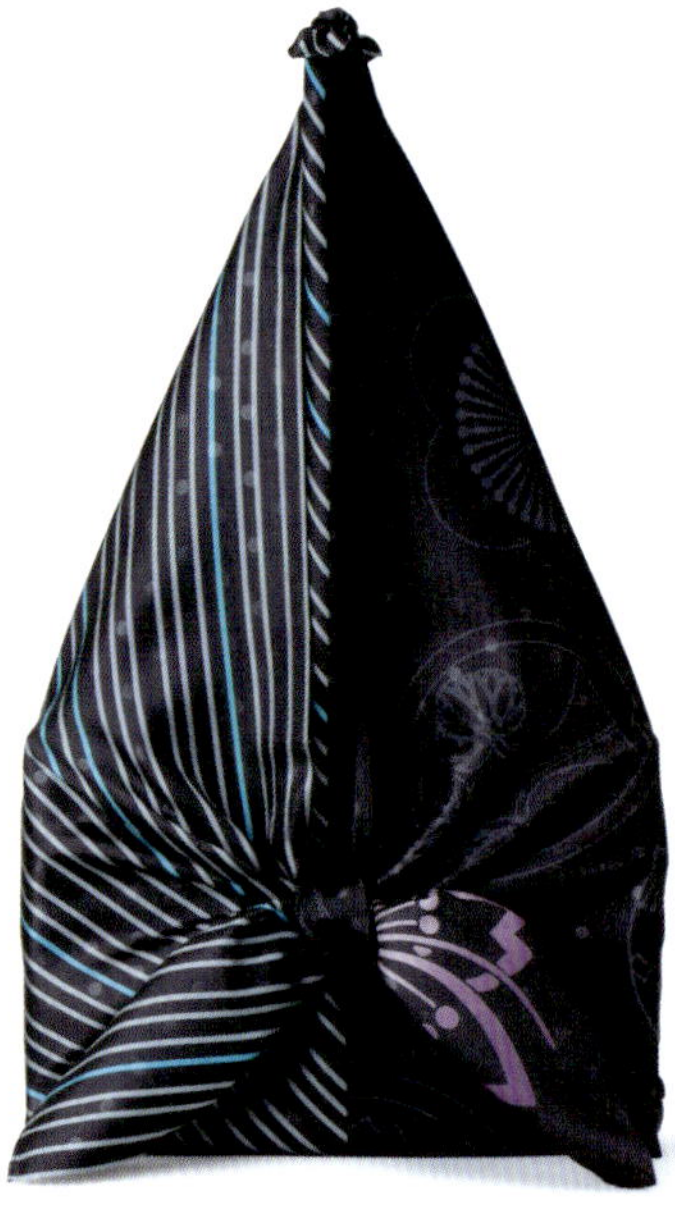

モノトーンで 結び方→33ページ

カラーバリエ
レッスン
3

キャンパスバッグ・バリエーション

ブルーやグリーンで 結び方→72ページ

結び方　キャンパスバッグ

写真→63、70、71ページ

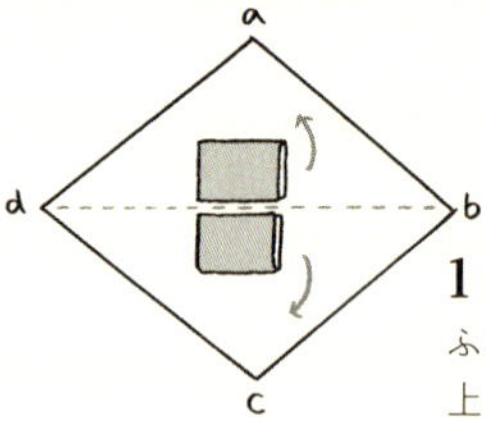

1

ふろしきの裏面が上になるように広げ、間を少し開けて中央に本を置く。それぞれ上下に半回転させる。

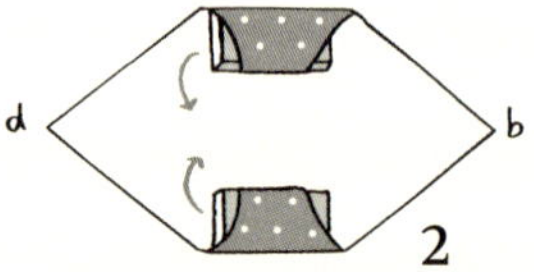

2

aと**c**で本をくるむ。

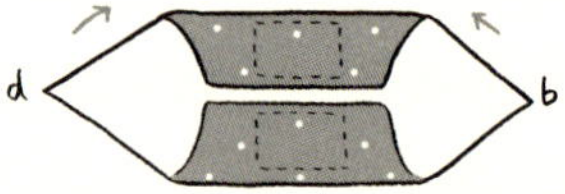

3

本を**1**の位置に戻す。

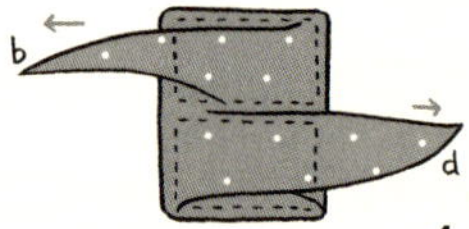

4

bと**d**を図のようにかぶせて左右にひっぱる。

5

図のように本を重ねるように倒し、**b**と**d**をねじりながら真結びする。

6

できあがり。

結び方　バルーンバッグ

写真→62ページ

1

ふろしきの裏面が上になるように広げ、**c**をひとつ結びする。

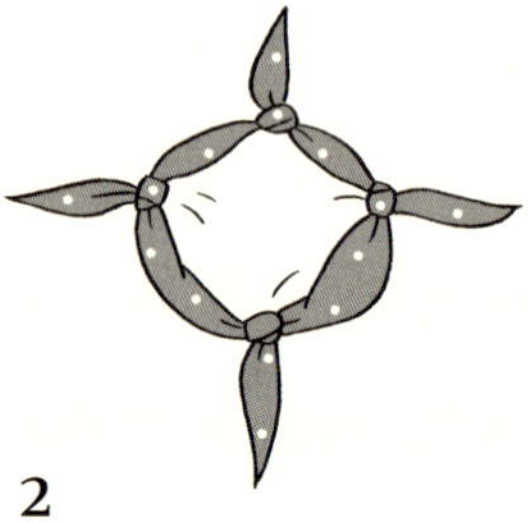

2

残りの**abd**も同様にひとつ結びする。

3

ab、**cd**の先端を真結びする。

4

できあがり。

結び方　さお包み

写真→62ページ

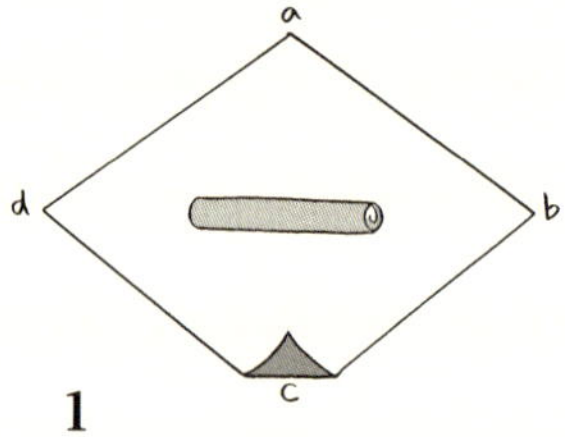

1

ふろしきの裏面が上になるように広げ、中央にヨガマットを置く。

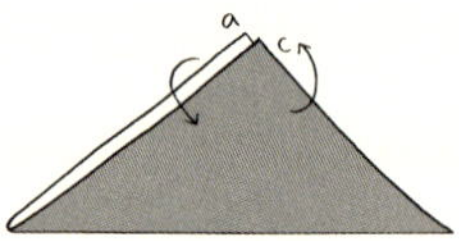

2

3になるように、**a**と**c**を交差させる。

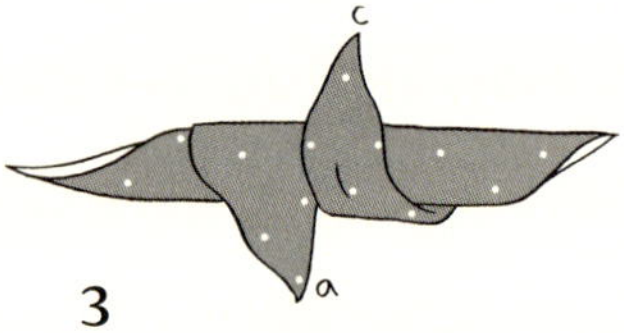

3

交差させた**a**と**c**を、ヨガマットの後ろに回して真結びする。

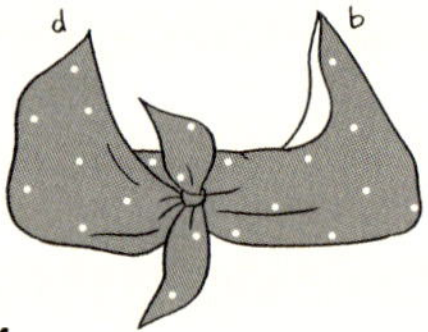

4

bと**d**の先端を真結びする。

5

できあがり。

結び方　おでかけバッグ

写真→65ページ

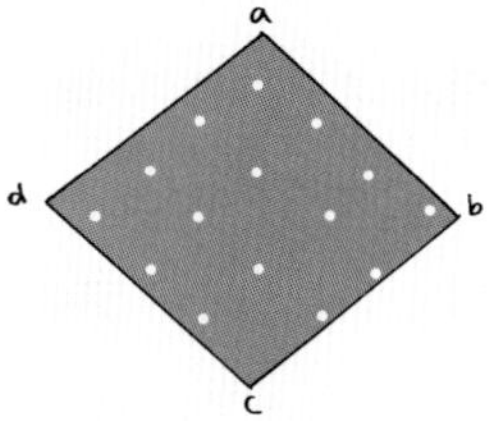

1
ふろしきの表面が上になるように広げる。

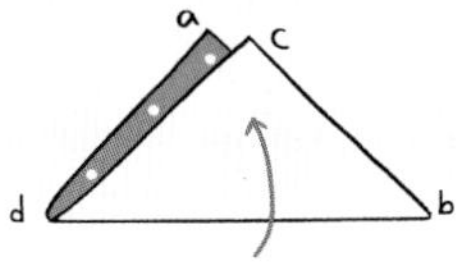

2
aと**c**を合わせて三角形にする。

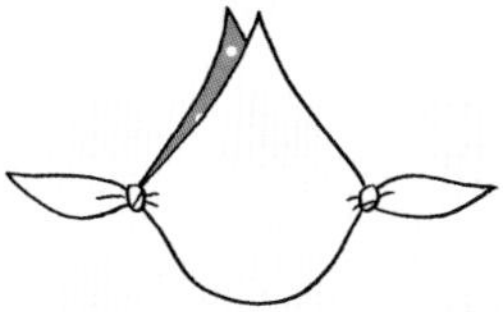

3
bと**d**を、それぞれひとつ結びする。ひとつ結びは、あまり端で結ばないこと。

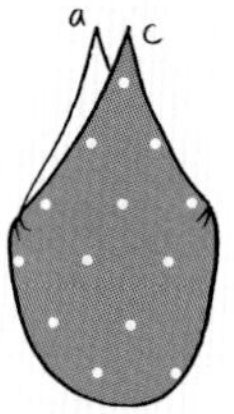

4
ひっくり返して、表の柄を出す。

5
aと**c**を大きく一回結んだら、そのまま先端を真結びする。

6
できあがり。

結び方　ドーナツバッグ

写真→37、64ページ

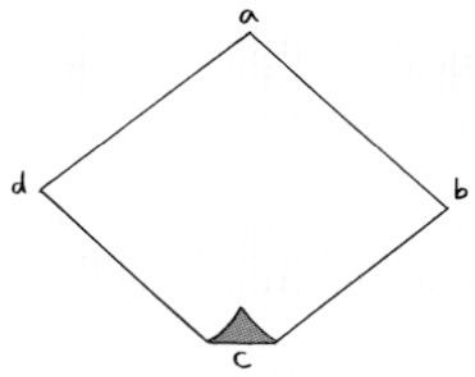

1
ふろしきの裏面が上になるように広げる。

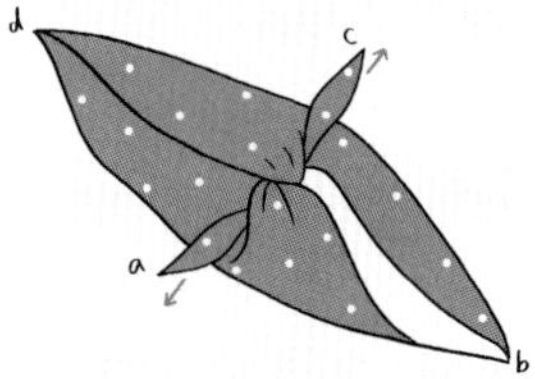

2
aと**c**を大きく一回結ぶ。

3
そのまま、**a**と**c**の先端を真結びする。

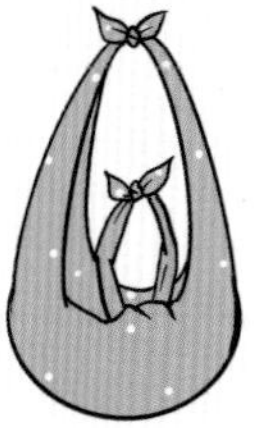

4
bと**d**の先端も真結びする。

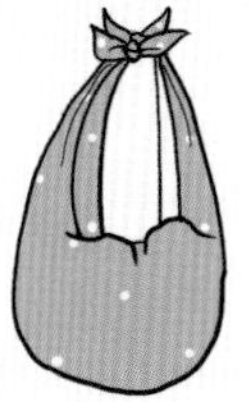

5
3と**4**のふたつの真結びをいっしょに持ち、輪の大きさを均等に整える。

6
できあがり。

Chapter 3

工夫を楽しむ

予想外の荷物が増えてしまった、
そんなとき一枚のふろしきが、
瞬時に優秀なサブバッグに変身します。
また、毎日の暮らしに彩りを添える
日常使いやファッションとしての活用法を、
さらにはちょっとした工夫でアウトドアから
防災まで使える応用編を紹介します。

- ・プラスアルファの小物はアクセントに
- ・収納力をさらにアップ！
- ・リュックスタイル
- ・小物を使ったミニバッグ
- ・いざという時のふろしき防災
- ・アウトドアやレジャーシーンで
- ・おうち使いに
- ・ファッションアイテムとして

プラスアルファの小物は
アクセントに

傘や雑誌を…▶傘包み

折りたたみ傘や大きな雑誌は、
バッグが小さいとなかなか収納場所に困るもの。
そんなときは発想を切り替えて
バッグにくくりつけてしまいましょう。
これなら傘が濡れていても安心、
雑誌なら丸めてしまえば楽々持ち運べます。

結び方→78ページ

持ち手付きの折りたたみ傘は、
ハンドル部分をよけて巻いてみて。

バッグとふろしきの色目
をあわせるのも素敵。

結び方→79ページ

ペットボトルやカップ…▼

ペットボトル包み／カフェカップホルダー

ペットボトルやマイポットに
持ち手付きのオリジナルホルダーはいかが？
そのまま飲めて、どこにでも持ち運べます。
気分やファッションにあわせて着せ替えも楽しめますね。
ストローを挿したままのカフェカップも
そのまま包めて安定の仕上がりです。

水滴も吸収してくれるので安心。

散歩のお供にも便利。

結び方　傘包み

写真→76ページ

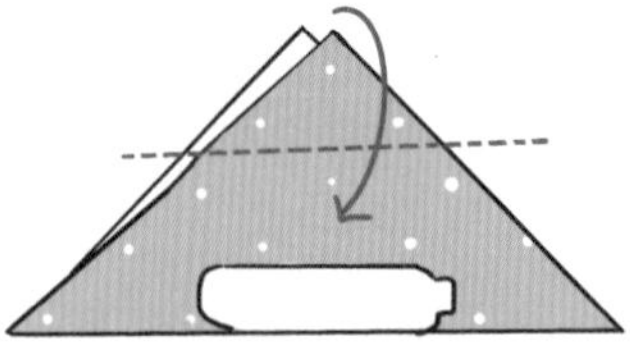

1

ふろしきを三角にたたみ、手前に傘をおく。ふろしきの上部を折る。

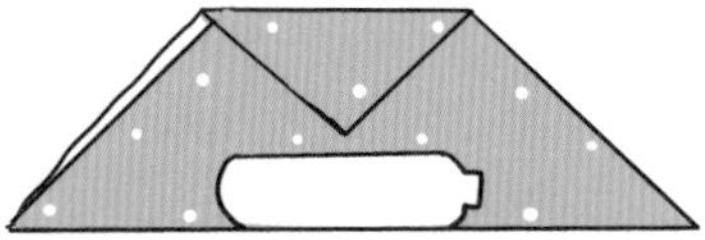

2

上部を内側に折り込んでおき、手前から傘ごとくるくると巻いて行く。

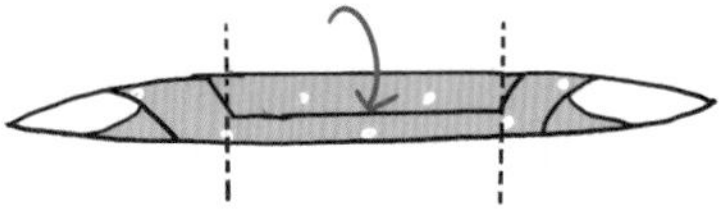

3

傘の左右の端を、それぞれしっかりとひとつ結びする。

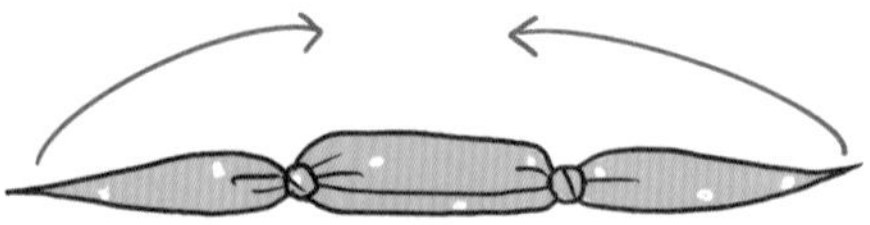

4

左右の端を真結びすると、

5

持ち手のできあがり。

6

手持ちのバッグの取っ手などに通す。

結び方　ペットボトル包み／カフェカップホルダー

写真→77ページ

カフェカップホルダー

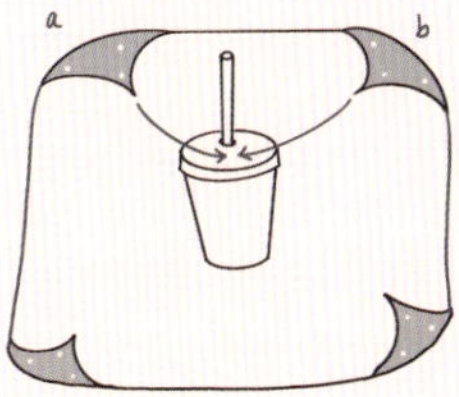

1

カップをふろしきの中央におき、**a**と**b**をストローが刺さっている手前で真結びする。

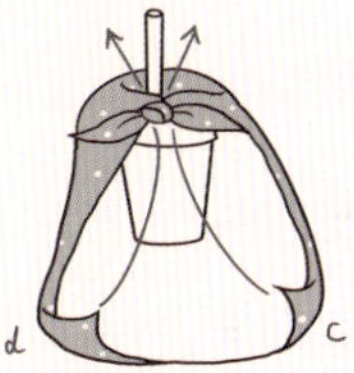

2

cと**d**をそれぞれストローの刺さっている穴の下からくぐらせて上に出す。

3

dと**c**をカップが安定するまで引っ張り上げる。

4

cと**d**をねじって輪にして先端を真結びして、できあがり。

ペットボトル包み

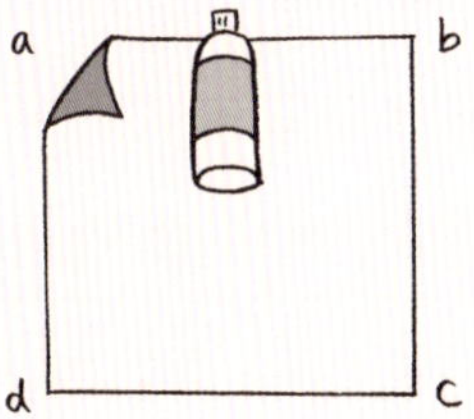

1

ふろしきの裏面が上になるように広げる。ペットボトルを倒して置く。飲み口が**ab**ラインよりも少し上に出るように。

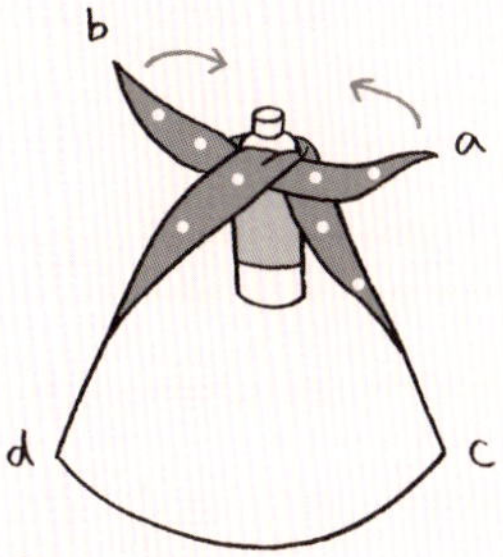

2

aと**b**をペットボトルの肩の部分で一回結び、先端で真結びする。これが持ち手になる。

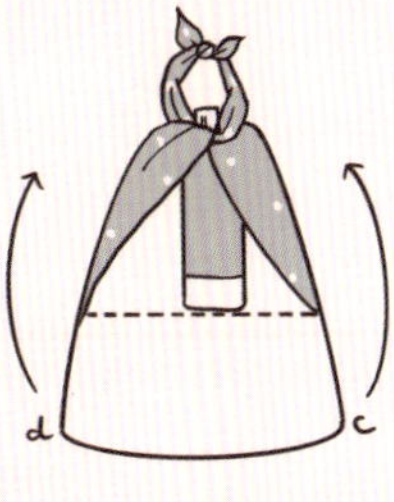

3

dと**c**を持ってペットボトルにかぶせる。

4

ペットボトルの肩の高さくらいになるように、**d**と**c**の高さを調整する。

5

ペットボトルをこちらに向け、

6

dと**c**をペットボトルのボディで真結びして、できあがり。

押すときも邪魔になりません。

中身がサッと取り出せて便利。

収納力をさらにアップ！

バギーに→トートバッグ

子どもとのおでかけは、タオル、飲み物、
おもちゃ、と荷物がかさばりがち。
マザーズバッグに追いつかないグッズは
ふろしきを使ったサブバッグにどんどん収納。
公園でのひと休みにはレジャーシートに
風がひどいときは埃よけカバーに
肌寒いときは、ブランケットにも早変わり。

結び方→82ページ

バギーをたためば、手さげバッグに。

キャリーバッグに…▼ひっかけ包み／しずくバッグ×キャリーバッグアレンジ

出張や旅行で、帰り道には荷物倍増！
紙袋だらけ！　なんて経験ありますよね。
キャリーに荷物をくくりつければ、
もう一度梱包し直す手間も不要です。
旅行のお土産や出張の資料など、
いくら増えても怖くない!?

結び方→83ページ

しずくバッグ（P20）からの簡単アレンジ。

ひっかけ包みなら、しっかり固定できるので安定感抜群です。

結び方　トートバッグ

写真→80ページ

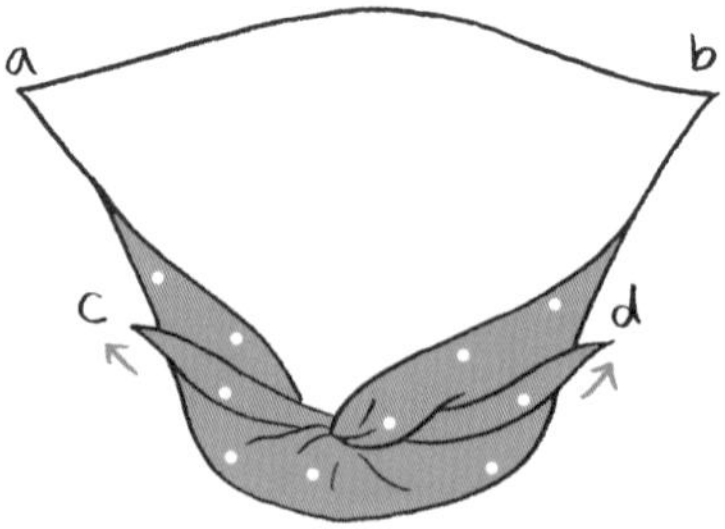

1

ふろしきの裏面が上になるように広げる。**c**と**d**を深く大きめに一回結ぶ。

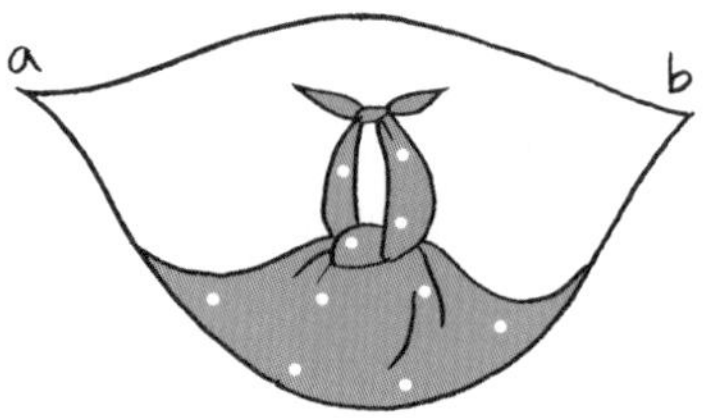

2

さらに**c**と**d**の先端を小さく真結びする。

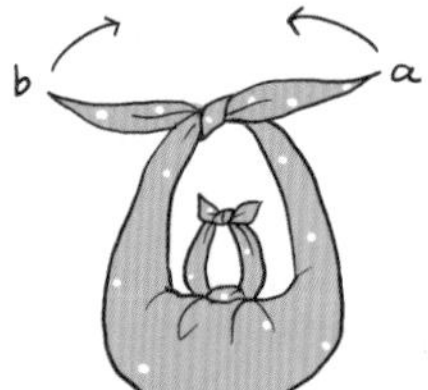

3

奥側の**a**と**b**も同様に深く大きめに結び、先端を真結びする。

4

二つの持ち手を持つと、できあがり。

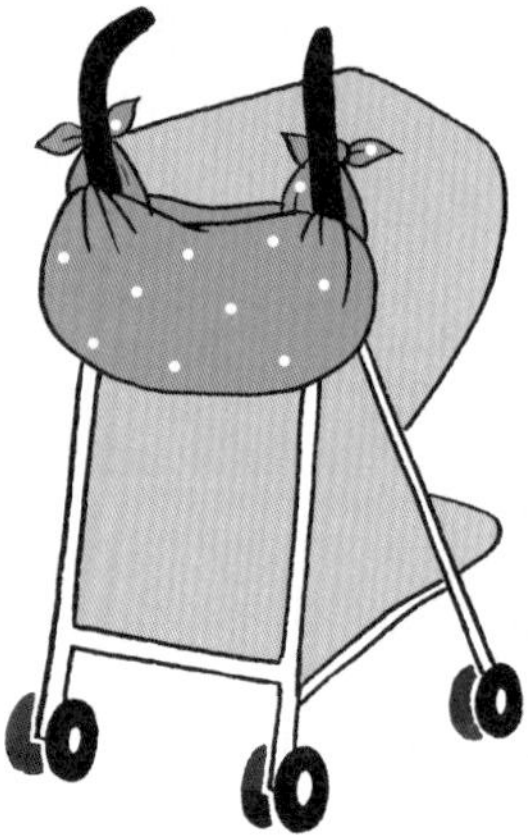

5

バギーのハンドルにバッグの持ち手を通して使う。

結び方　ひっかけ包み／しずくバッグ×キャリーバッグアレンジ

写真→81ページ

しずくバッグ×キャリーバッグアレンジ

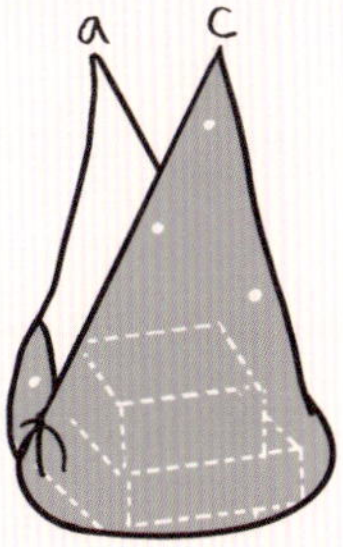

1

P21の**1**～**4**と同様に結んだら、荷物を入れる。

2

aと**c**を深く一回結ぶ。

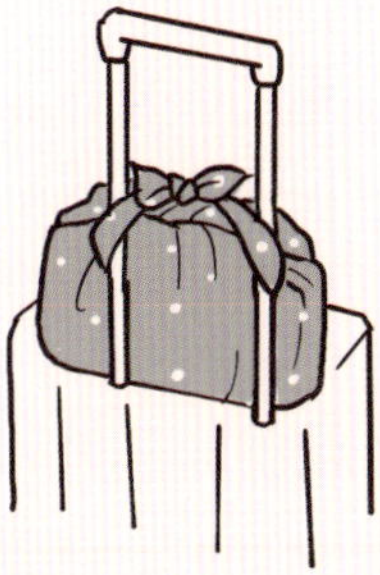

3

キャリーバッグのハンドルに**a**と**c**をしっかりと真結びする。

ひっかけ包み

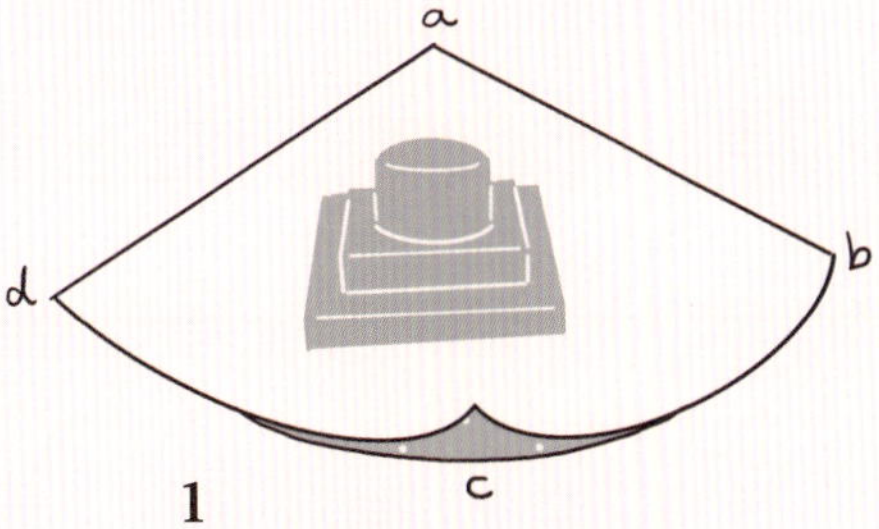

1

ふろしきの裏面が上になるように広げる。**a**と**b**を荷物の上で真結びする。

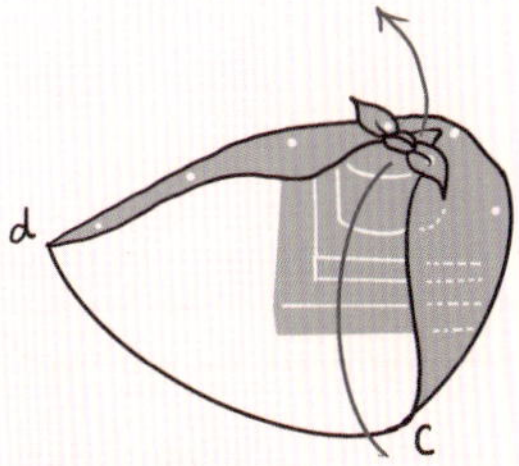

2

cを**1**の結び目の下から通す。このときふろしきを荷物にフィットさせるように**c**を引っぱって整える。

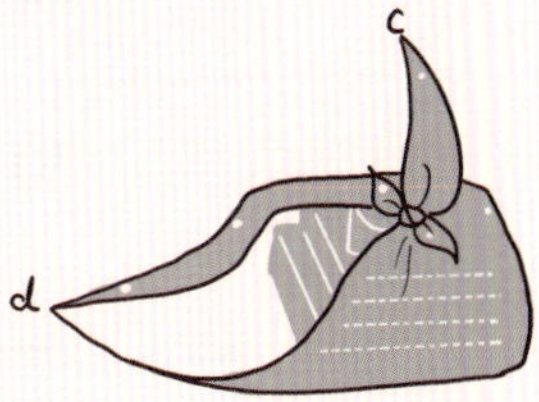

3

cと**d**を両方引っ張り、中身が動かないようにして箱の上で真結びする。

4

結び目の位置を整えてできあがり。

5

キャリーバッグのハンドルに装着させる場合、**3**の**c**と**d**を持ってバッグの上面にのせ、ハンドルにしっかり結びつける。形の違うものを複数包んでも中身がずれにくい。

リュックスタイル

子どもにも…▼子どものリュックサック

少し大きめのふろしきを使えば
一枚で立派なリュックが完成。
シンプルバッグ（↓44ページ）を
ほんの少しアレンジしただけです。
大人用として使うなら、
次ページの大人のリュックサックを。

成長に合わせて調節可能。

結び方→86ページ

サイズはサイドの結び目で調整できます。

結び方→87ページ

撥水性のあるふろしきなら、雨の日のリュックをしっかりカバー。

大人にも→大人のリュックサック／リュックサックカバー

子どものリュックサックをさらに簡単にしたものが、
大人のリュックサック。
そして雨の日は傘をさしてもどうしても
濡れてしまうものですが、
リュックサックカバーがあれば完全ガード。

野外でのアクティビティに最適。 また災害時など、
いざという時にも心強い活用法です。

結び方　子どものリュックサック

写真→84ページ

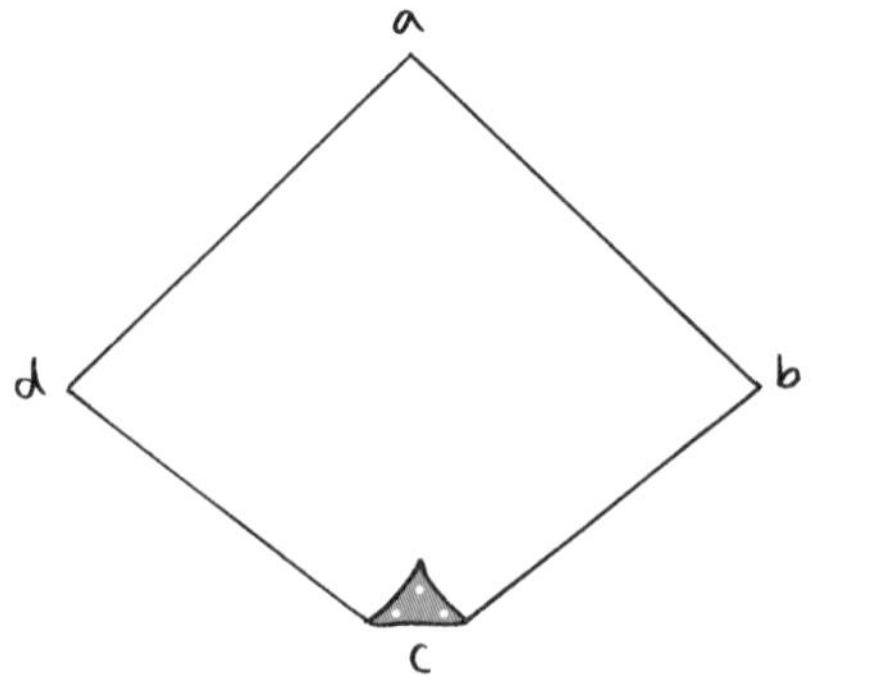

1

ふろしきの裏面が上になるように広げる（この時中身を入れる）。

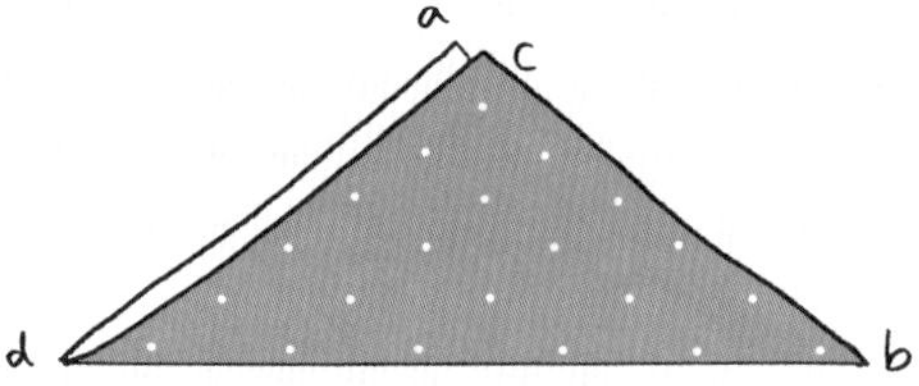

2

aと**c**を合わせて三角形にする。

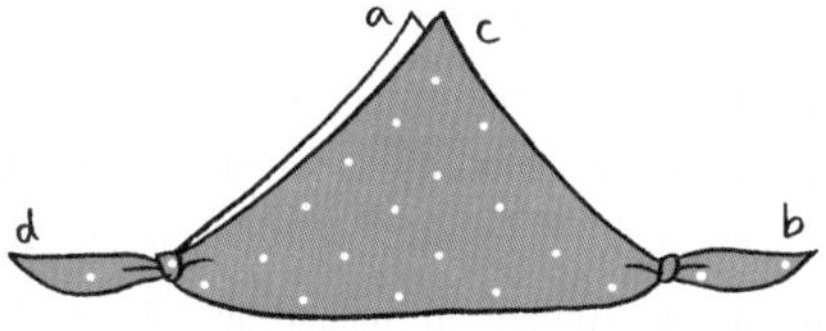

3

bと**d**をそれぞれ、ひとつ結びする。

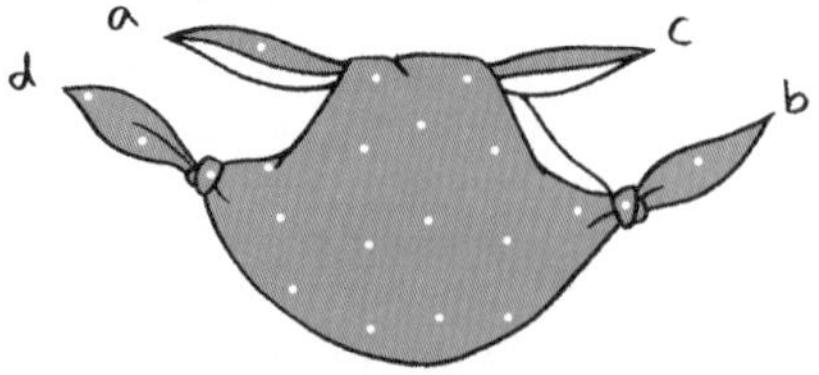

4

aと**c**を大きく一回結ぶ。**b**と**c**の先端を真結びする。

5

aと**d**も同様に先端を真結びする。

6

できあがり。肩ひもの長さは、**4**と**5**の結び目の位置で調節する。

結び方　大人のリュックサック／リュックサックカバー

写真→85ページ

リュックサックカバー

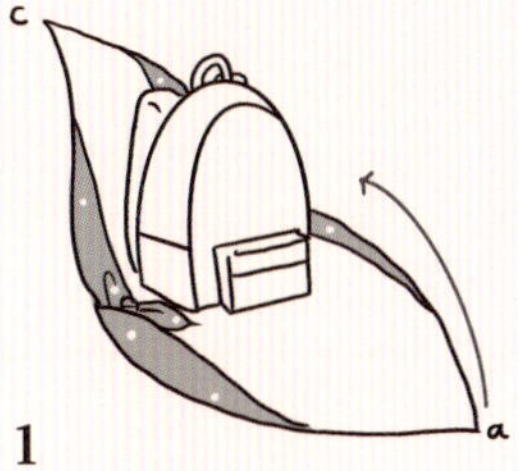

1

P21の**1**～**4**と同様に結んだら、リュックを入れる。

2

aをリュック上部のループに通し、**a**と**c**を真結びする。

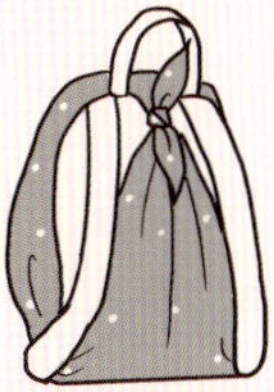

3

リュックの左右の持ち手を出してととのえる。

4

カバーのできあがり。撥水ふろしきなら雨の日も安心。

大人のリュックサック

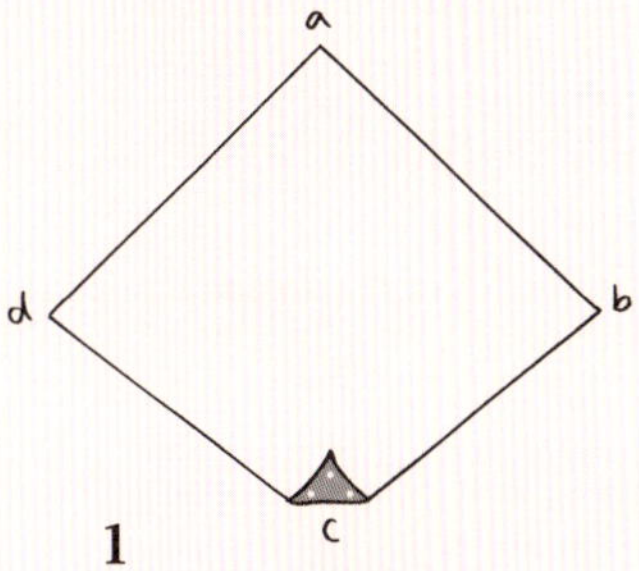

1

ふろしきの裏面が上になるように広げる（この時中身を入れる）。

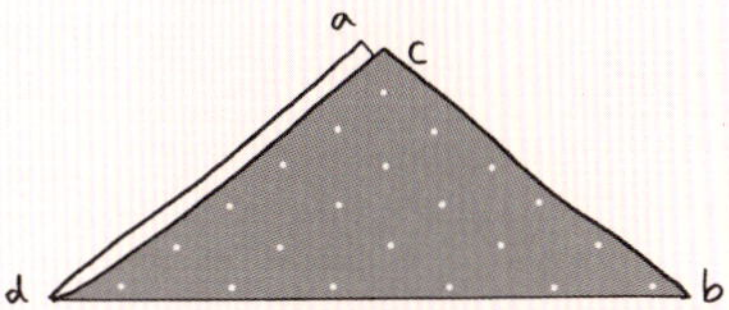

2

aと**c**を合わせて三角形にする。

3

aと**c**を合わせて三角形にしたら、**a**と**c**を一回結ぶ。

4

aと**d**、**c**と**b**を真結びする。

小物を使ったバッグスタイル

ふろしきパッチンを使って…▼パッチンバッグ

「ふろしきパッチン」はふろしき専用小物として誕生しました。ふろしきの四隅をパッチンに通して結ぶだけで、簡単にふろしきバッグが完成。マグネットが付いているので、しっかりと口を閉じることができます。サイズバリエーションも豊富なので、お好みに合わせてふろしきのデザインや素材を変えて楽しんで下さい。

70cmサイズ。ちょっとしたおでかけや、お弁当をいれるのにぴったり

結び方→90ページ

100cmサイズは収納力も抜群。

ベルトを使って…ウエストポーチ二種

バッグまでは必要ないけれど
ポケットに入りきらない小物——。
そんな時は即席ウエストポーチがおすすめ。
スマホ、お財布のマストアイテムもコンパクトに収納。
犬の散歩やガーデニングなど、身軽に動きたい時にも
活躍してくれます。

結び方→90ページ

しずく型

ベルト通しに直接つけてもOK。
（結び方→21ページ「しずくバッグ」）

ポーチ型

ベルトに通してくくりつけるだけ。

結び方→91ページ

リングを使って…いちごバッグ

糸も針も使わずに、リングに結ぶだけで
つくれる簡単バッグです。
大きさや色柄を変えて
楽しむこともできますね。
底の形状をキープしたいなら
丸形のかごなどをはめ込んで。

ころんとしたフォルムがキュートなバッグ。

結び方　ウエストポーチ（ポーチ型）

写真→89ページ

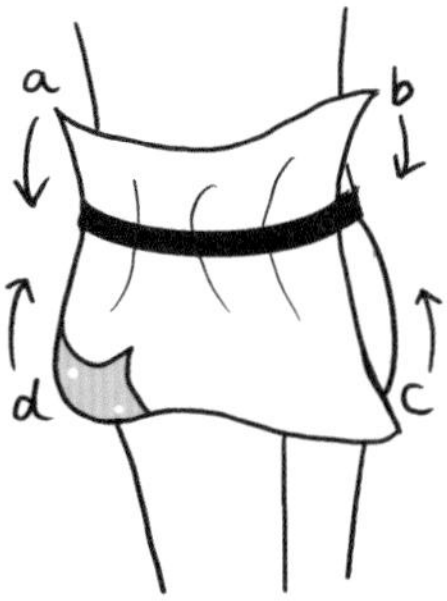

1
ふろしきの裏面を外側に向けて、ベルトに通す。**a**と**d**、**b**と**c**をそれぞれ真結びする。

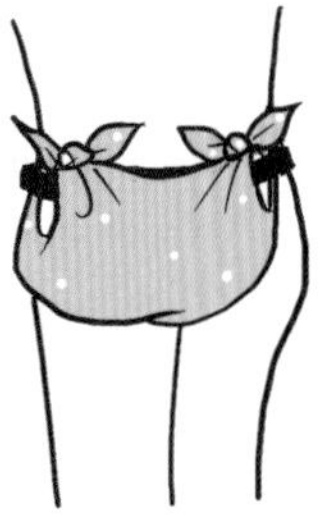

2
できあがり。

結び方　ウエストポーチ（しずく型）

写真→89ページ

しずくバッグと同様の結び方。
最後に、ベルト通しにふろしきを通して真結びする。

（結び方→21ページ）

結び方　パッチンバッグ

写真→88ページ

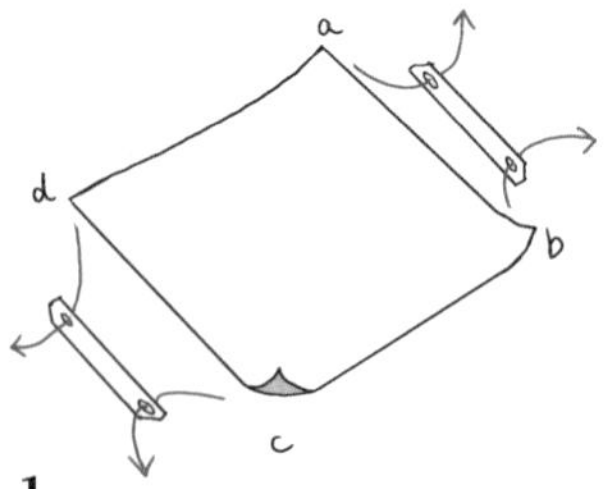

1
ふろしきを裏向きに広げて、それぞれの角を穴を通す。
※マグネットの向きに注意。

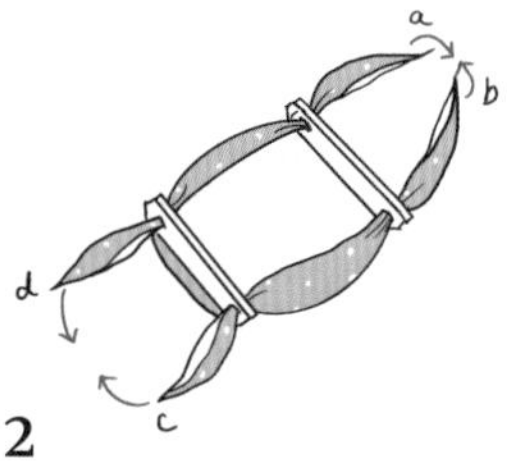

2
aと**b**、**c**と**d**をそれぞれ真結びする。

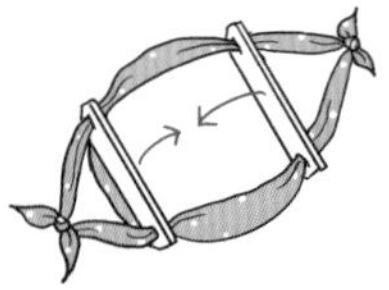

3
パッチンのマグネットをくっつける。

4
形をととのえてできあがり。

結び方　いちごバッグ

写真→89ページ

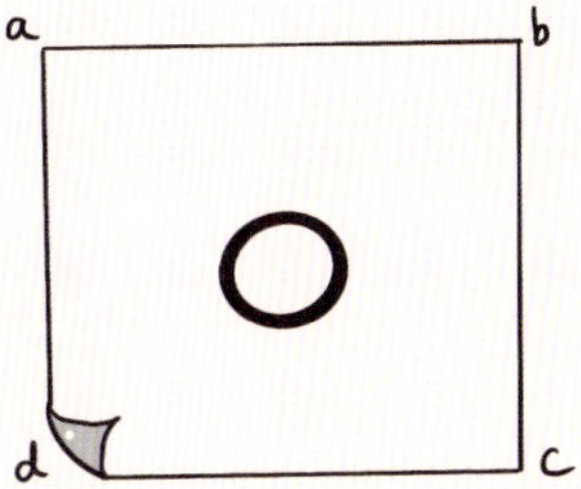

1

ふろしきの裏面を上にして広げ、中央にリングを置く。

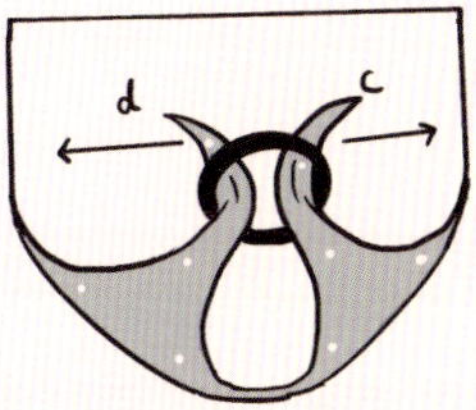

2

cと**d**をリングの中に通して外側へひっぱる。同時に手前部分も輪に通す。

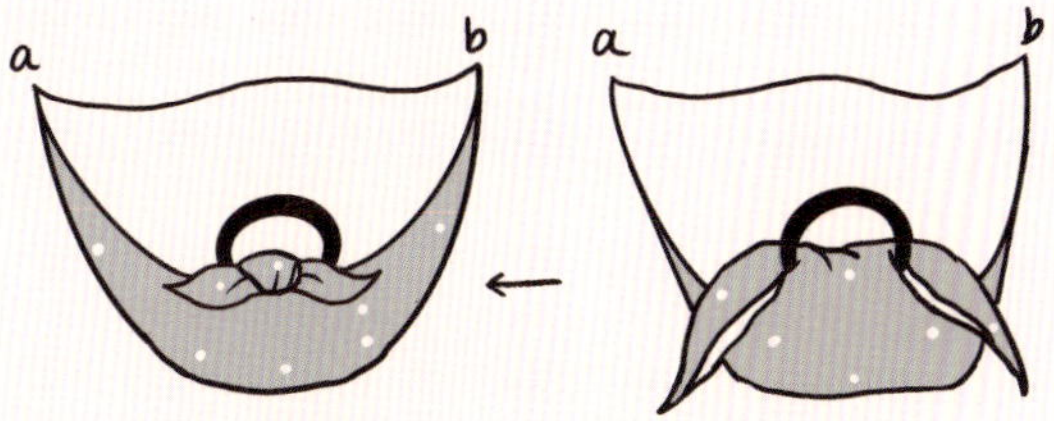

3

図のように**c**と**d**を引っ張り、リング手前で真結びする。

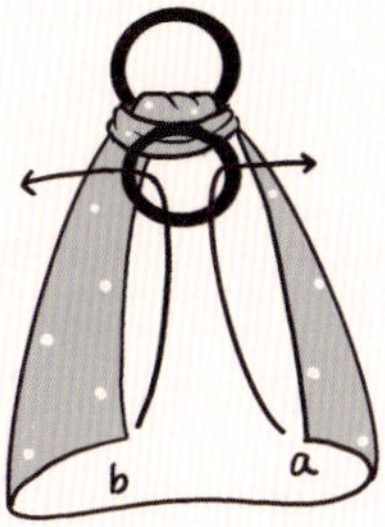

4

3を裏返し、もうひとつのリングを重ねて置き、**a**と**b**を**2**、**3**と同様にリングに通して真結びする。

5

形をととのえて、できあがり。

いざという時の
ふろしき防災

100cmのふろしきが一枚あれば、
さまざまな防災シーンで多用途に使えます。
ここで紹介する運搬、保護、防寒のほかにも、
乳児のおくるみや授乳用ケープ、
目隠し、日除けなど
マルチに活躍してくれます。

防寒（ボレロ）

不慣れな避難所などでの防寒対策として。子どものレインコートにも活用できます。

運搬

撥水加工のふろしきなら、水も運べます!
撥水機能のないふろしきの場合は、内側にゴミ袋を入れると水を運ぶことができます。

これからは、防災グッズのマストアイテムとして避難袋に常備を!

保護（三角巾）

結び方→100ページ

腕のケガや、骨折時の応急処置に。

結び方→100ページ

保護（防災頭巾）

避難時の頭部保護に。

アウトドアやレジャーシーンで

ふろしきはもともと荷物を運ぶ用途として作っているため頑丈で、さまざまな形状のアウトドア用品をまとめて運ぶことができます。大きなＸＬサイズは折り畳みテーブル、ＬサイズやＭサイズは食器やタッパー等細々した物もまとめて結んで固定することで安定して運ぶ事ができます。

中身がサッと取り出せて便利。

サイズの目安
XL:130cm以上
L:90~120cm
M:68~70cm

レジャーシート&テーブルクロス

撥水素材なら水をはじき汚れがつきにくいので、テーブルクロスやレジャーシートにも。

運搬

濡れた食器をまとめるのも楽々。
撥水素材は速乾性にも優れているので屋外では特に便利。

おうち使いに

インテリア

おうち時間を快適に過ごすための
インテリアとしてのふろしき提案です。
ふろしきは、見慣れた景色を
ガラッと変えてくれる
優秀アイテム。

タペストリー

クッションカバー

結び方→100ページ

ティッシュボックスカバー
&ブックカバー

ティッシュケースも、ブックカバーも
約48㎝サイズが最適です。

テーブルクロス

パーティーシーン

日常使いに

毎日使う小物類にも
ふろしきは一役買ってくれます。
ティッシュボックスや本のカバーに
そして、お弁当包みから
持ち寄りパーティーまで
身近なシーンで活用できます。

ファッションアイテムとして

スカーフアレンジ

朝夕の気温の変化や季節の変わり目に重宝するのがふろしきのストール使い。小さいサイズを使うなら、ちょっとしたアクセントに。
サイズのバリエーションに加えてふろしきならではの多彩なデザインや素材感も楽しんでみて下さい。

結び方→101ページ

ツイントライアングル

前を後ろに三角をつくるエレガントな結び方です。

ストール&スカーフ

ネッカチーフ

首元のワンポイントに。

ヘアアレンジ

シュシュやターバン風、編み込みなど、
ヘアスタイルに合わせたアレンジを。
コーディネートのアクセントになり
手軽におしゃれが楽しめます。

結び方→101ページ

シュシュ

お団子にまとめた髪にくるっと
結びつけるだけ。

編み込み

ふろしきを三つ編みの一本
として編み込みます。

ターバン2種

結ぶ位置や左右のバランスで様々な表情を作ってくれます。
左は約100cm、右は約70cmです。

結び方　保護（三角巾、防災頭巾）／ティッシュボックスカバー

写真→92、93、97ページ

ティッシュボックスカバー

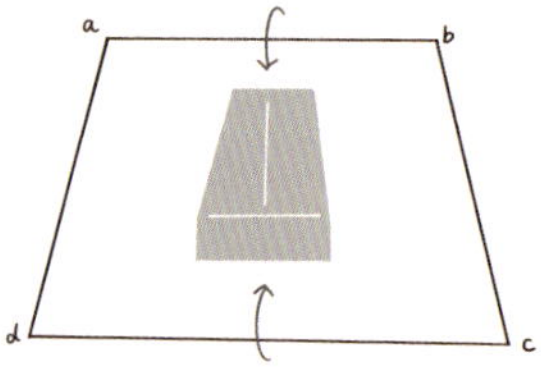

1
ティッシュボックスをふろしきの中央に置く。

2
手前と向こう側のふろしきをボックスに平行にかける。**c**と**d**の角を持ち、箱の上角で真結びする。

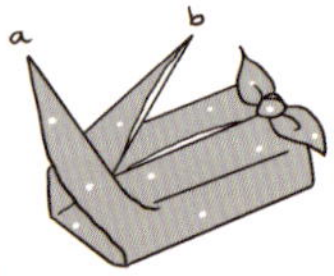

3
反対側の**a**と**b**も同様に真結びする。

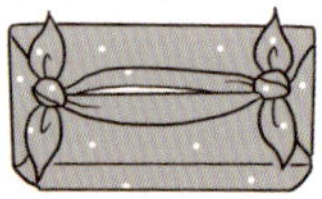

4
箱にふろしきをフィットさせながら結び目をととのえる。

保護（防災頭巾）

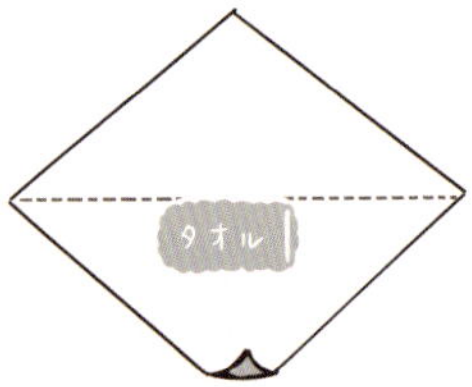

1
ふろしきの下半分にたたんだタオルを置く。

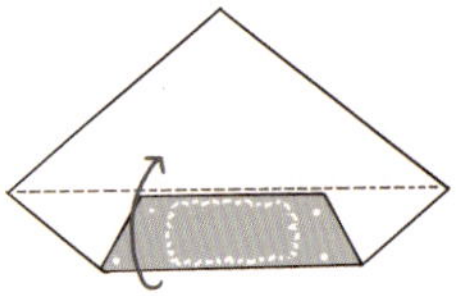

2
手前のふろしきを巻き込みながら、２回巻く。

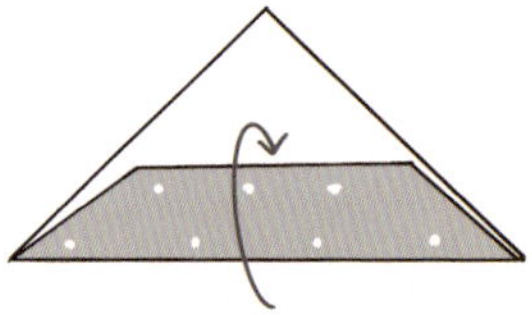

3
タオルを完全にカバーする。

4
頭を覆いしっかりフィットさせ、あごの下で真結びする。

保護（三角巾）

1
三角にたたみ、ケガをした腕と体ではさむ。

2
相手の容態を確認しながら、腕が直角を保つように吊る。

3
首の後ろで真結びする。

4
肘の部分をひとつ結びして腕を固定する。

結び方　ツイントライアングル／編み込み／ドレッシーバッグ

写真→60、98、99ページ

ドレッシーバッグ

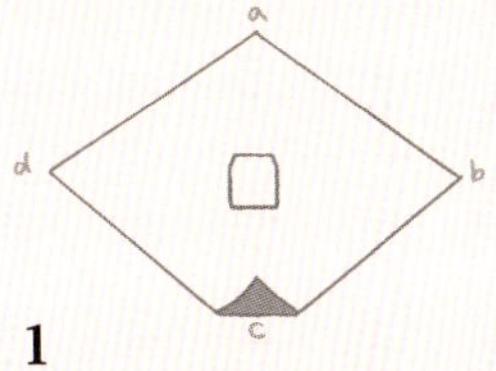

1
ふろしきの裏面が上になるように広げる。 中央に箱を置く。

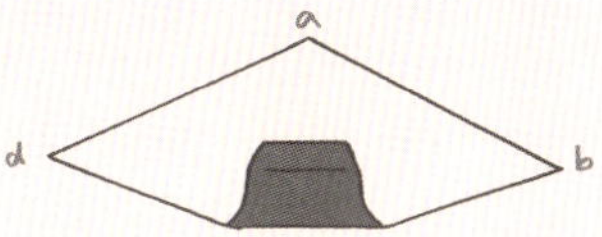

2
cを持ち上げ、箱を手前から包み込む。

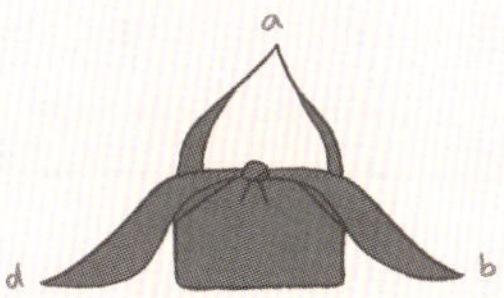

3
箱が動かないように**b**と**d**を箱の上で真結びする。

4
結び目をかくすように、**a**を箱にかぶせる。

5
bと**d**をねじり、先端を真結びしてできあがり。

編み込み

1
髪をゴムでひとつにまとめる。

2
1のゴムの位置にふろしきをひとつ結びする。

3
毛束をふたつに分け、ふろしきと3本で三つ編みにする。

4
編み終わりをゴムなどで留めて、できあがり。

ツイントライアングル

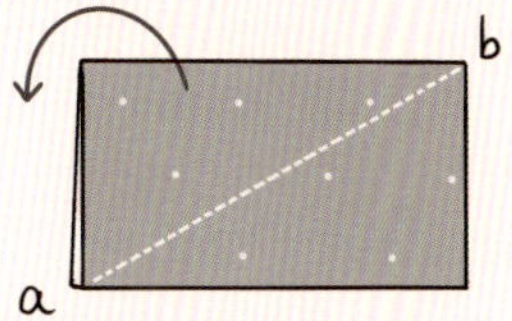

1
ふろしきを半分に折って長方形にし、**a**と**b**を持つ。

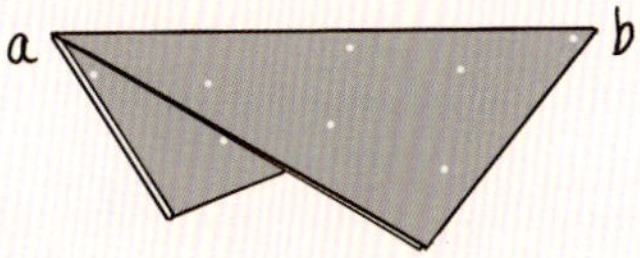

2
三角形が二つできた状態になる。

3
この状態で肩に巻く。

4
巻いたら、**a**と**b**を真結びする。結び目は肩の上にくるように回してバランスをととのえる。

商品協力:むす美

市松取り

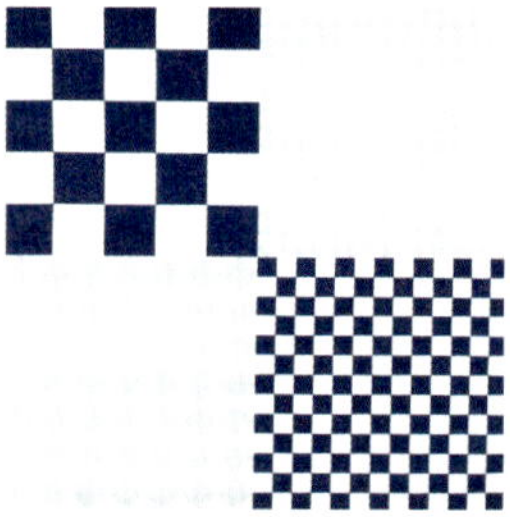

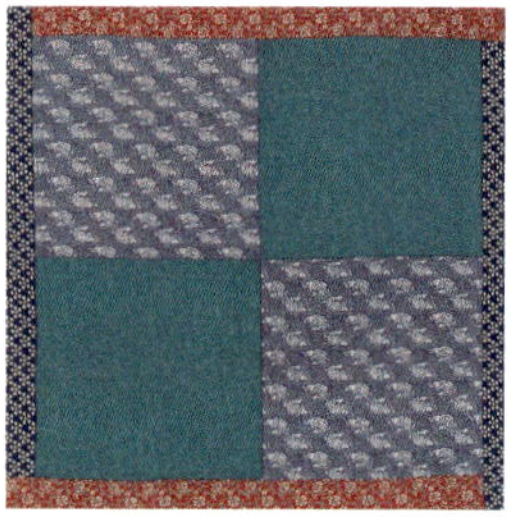

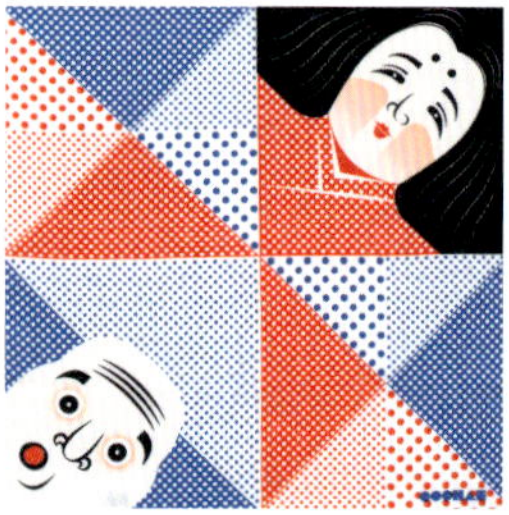

片身替り

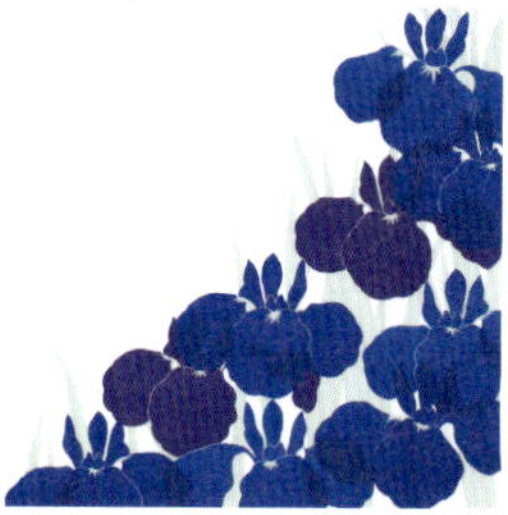

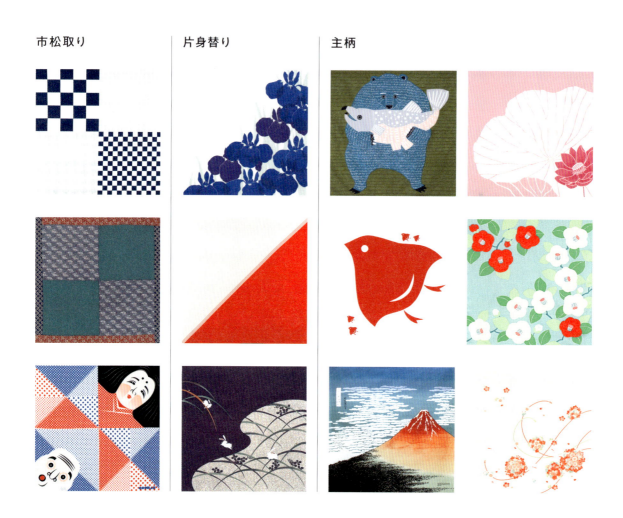

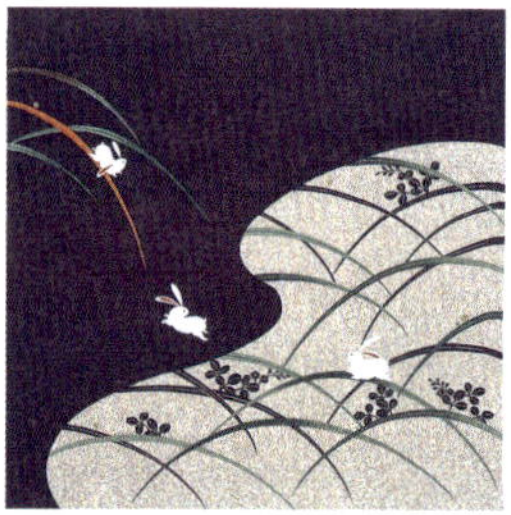

主柄

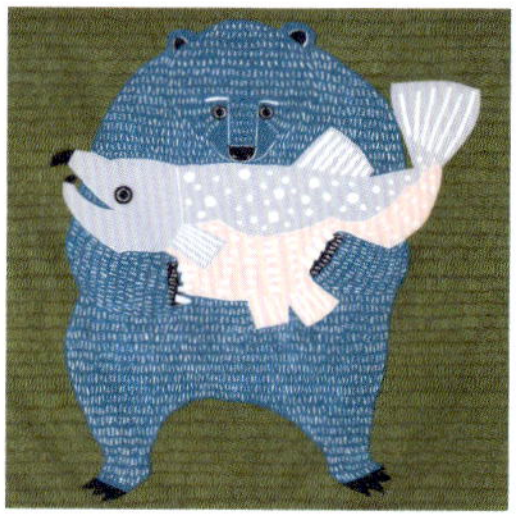

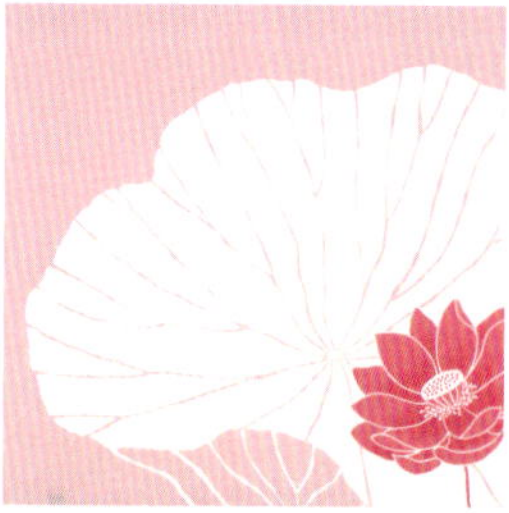

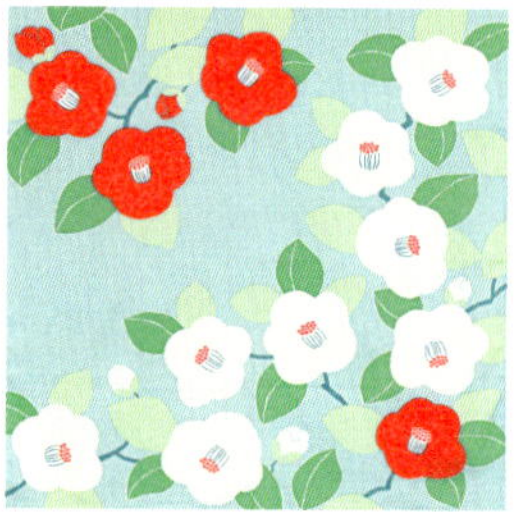

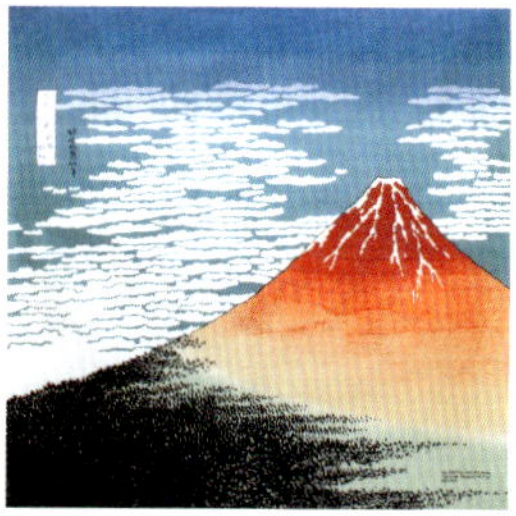

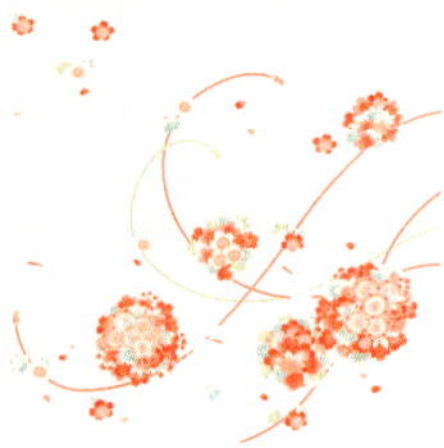

ふろしきコレクション

柄の構図別に紹介しています。

両面（リバーシブル）

※両面から異なるデザインを染めています。

総柄（エンドレス）

枠取り

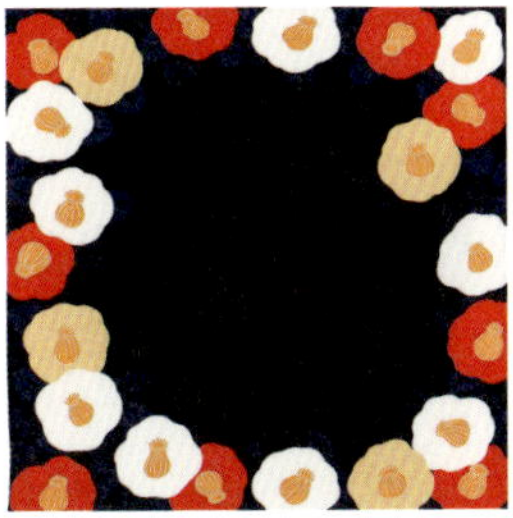

ふろしきの歴史

千年以上の歴史を持つふろしき。時代によって包むものは変わっても、今日までその形状はほぼ変わっていません。
そのルーツ、発展、衰退、復権の歴史をコンパクトにまとめました。

ふたつのルーツを持つふろしき

そのひとつは、包む用途としてのルーツ。奈良時代には既に使用されており、正倉院には御物を包み保管した布が現存しています。平安時代には「ころもつつみ」と呼ばれ、貴族の装束を包み運んだという記録も。また鎌倉時代には戦いの功績である敵将の首を包む布を「平包み」と呼んで使用していました。時代は移り変わっても、大切なものを包むという行為は精神性とともに「包み布」の文化を通して受け継がれてきたのです。

　もうひとつは、「風呂敷」の名前の由来とも言える風呂との関わり。江戸時代まで、風呂は蒸風呂を指しました。脱衣所では、着替えを包んだり、また床に敷いて身繕いをしたとされ、文字通り風呂に敷く布として「風呂敷」と呼んでいたようです。この異なるルーツをもつ「包み布」と「風呂敷」が同義として同じ名称でくくられるようになったのは江戸時代からと考えられています。

江戸の町で花開くふろしき文化

江戸時代は、ふろしきが生活に密着した道具として広く民衆に広まった時代です。浮世絵や絵図には、さまざまなふろしきの使われ方が描かれています。たとえば、行商の人たちにとっては、商う品物を包み運ぶ道具としては欠かせないものでした。さらに、旅や行楽の風習が民衆の間にも広まると、旅人や花見などに出かける町衆にも使われはじめます。

　また、火事が多かった江戸の町では、町人たちは布団の下に必ずふろしきを強いて寝ていたとか。いつなんどきでもふろしきで家財道具をまとめて逃げ出せる、というわけです。このように人々の暮らしに深く根ざしていたのです。

衰退を経て、再びふろしき復権へ

明治、大正、昭和と西洋文化が徐々に日本の生活の中に入ってきても、ふろしきは日常生活の必需品でした。それが急変したのは、戦後、日本が豊かな国を目指し、高度成長に邁進する中で手に入れた大量生産・大量消費の時代。ふろしきは徐々に忘れられて行きます。紙袋やビニール袋が、買い物をすると当たり前のようにもらえる時代の到来は、知らず知らずのうちに日本人の価値観をも大きく変えていきました。物を繰り返して使う「もったいない」の精神と工夫を忘れ、使い捨てることに何の抵抗もないライフスタイルを受け入れたのです。

　しかし今再び、日本人は大切にしてきた価値観を取り戻そうとしています、環境問題への関心の高まりとともに、消費削減（リデュース）、再使用（リユース）、再生利用（リサイクル）の象徴として、「ふろしき」の価値が再評価される時代が来たのです。更に、若い人たちの間で、いま「和」への関心が急速な高まりを見せています。日本に生まれながらも、あまり触れてこなかったコトやモノに、ブランド物では味わえない新鮮な発見があるようです。時代が移り変わる中、ふろしきは新たな時代を迎えようとしています。

ふろしきの未来

ふろしきは、一枚の布であるがゆえに無限の可能性を秘めています。ふろしきを使うことは、先人たちが結び、包むことで培ってきた日本人ならではの精神を次世代に受け継ぐことにも繋がります。

伝えたい、「結ぶ」と「包む」の心

ふろしき使いには欠かせない、「結ぶ」と「包む」。「結ぶ」という言葉には、形のないものを形づける、形成するという意味があり、「包」の文字は、母親が体内に宿った子どもの命を守り慈しむ姿から産まれたと言われています。

大切に思う心が「包む」という行為を生み、「結ぶ」ことで形づくる。これらはまさに、〝ふろしき〟を自在に使いこなしてきた先人たちの知恵と心の有り様そのもの。そして私たちが未来を生きる子どもたちに伝えていきたい知恵と心なのです。

可能性が無限に広がる一枚の布

〝ふろしき〟と〝バッグ〟の違い、それは一目瞭然です。どちらがいいというのではなく、それぞれの特性を知ることが賢く使い分けるポイントです。バッグはファッション性が高く、ポケットなど付属の収納も便利で、セキュリティにも優れています。ただ、縫製によって形成されているため、容量や形状に制限があります。また、ファスナーやボタンも決まった位置でしか対応できないので融通は利きません。

一方、ふろしきは単純な一枚の四角い布。たためばコンパクトになり、必要なときには、結ぶだけでものを包み運ぶことができます。入れる中身の形状やサイズに合わせて、結ぶ位置を変えるだけで変幻自在。細長いもの、パネル状のもの、安定して運びたいもの、底が丸型のもの、サイズや形状違いの複数のものなど、様々なものが包めます。用が済めばまた元通り、小さくたためばお役目完了です。

また、使い手の数だけ使い道があるのがふろしきです。包む、結ぶはもちろん、敷く、かける、覆う、装うなど。最小限のものを最大限に活かすことの素晴らしさをふろしきは教えてくれます。工夫すること、考えることで広がる可能性を楽しんでいただけるのも〝ふろしき〟ならではの魅力といえるかもしれません。

今だから、ふろしきをもっと楽しむ

千年以上の歴史を持つふろしきとはいえ、現代なら現代のファッションやライフスタイルに合わせた使い方があるはずです。日本人が大切にしてきた「もったいない」の精神をエコバッグの形で表現するのはもちろん、もっと自由にファッショナブルにふろしきを楽しむチャンスです。

今、ふろしきは、色・柄・素材ともにバリエーションも豊富でデザイン性も高く、スーツやジーンズにだって違和感なくコーディネートできるものが増えてきました。私たちが、先人たちのように再び〝ふろしき〟に親しみ、暮らしの中に当たり前のように取り入れる手始めとして「ふろしきバッグ」は簡単で、すぐにも取り入れやすいアイテムです。そして、バッグだけでは物足りなくなってきたら、ファッションやインテリアに、またギフトラッピングにも自分らしく活用してみてください。

世界も注目！「FUROSHIKI」の可能性はボーダレス

2023年11月ニューヨークタイムズ（Web版）で「ふろしき」が紹介され、公開直後から500件を超える注文や問い合わせが殺到したという。

近づくクリスマスシーズンを前に、『ゴミを出さないギフトラッピング』という同記事の中で、「ラッピングの無い贈り物は、砂糖がけしていないケーキと同じ」と表現しつつも、包装紙でのラッピングは結局大量のゴミを排出してしまう点を指摘。それに対して、「日本では再利用可能なラッピング〝ふろしき〟を何世紀も前から芸術的な形で実践してきた」と評価し、環境への負荷を減らすことにもつながる日本独自の発想や心の文化として紹介された。

日本人が長年当たり前に行ってきた暮らしの中に、世界が驚くサスティナブルなヒントがあった、それが「FUROSHIKI」文化だったのだ。

実は、2018年にパリの市庁舎前で開催された「FUROSHIKI PARIS」は、海外でいち早く〝FUROSHIKI文化〟が広がるきっかけとなった。スカーフと似て非なる四角い布「ふろしき」の賢い使い方を体験した人達は驚き感動し、エシカルな文化が根付くヨーロッパでの認知度は瞬く間に広がり、むす美のふろしきも今や約40か国に出荷されている。

またSNSによる広がりも顕著で、フォロワーの約7割が外国人というむす美のインスタグラムは現在20万人を目前に推移し、日々アップされるHOWTO動画には、視聴回数が980万回を超えるものもあり、まさに「FUROSHIKI」への関心は国内外問わず高まる一方だ。

2022年から始めた『ふろしきSDGs LIFE』というイベントは、広く「ふろしき」を知っていただくことを目的に開催され、2024年には「ボーダレス」をテーマに国や世代や性別や個性も飛び越えて、シンプルな四角い布「ふろしき」だからこそできることを楽しみながら体験。防災やウェルネスをテーマにした新しいWorkshopも連日大好評、ふろしきの可能性は広がっている。

『ふろしきSDGsLIFE』のイベント（上）とそのポスター（左）。

ニューヨークタイムズに紹介された写真。

「FUROSHIKI PARIS」の様子。

SHOP INFORMATION

　京都のふろしき製造卸メーカー山田繊維が運営する、日本初のふろしき専門店として 2005 年東京・原宿に誕生した「むす美」は、来春 20 周年を迎える。2017 年には本拠地京都・三条通にオープン。
どちらの店舗も「パレットウオール」と名付けられた壁面に、色鮮やかなオリジナルデザインがアートのように並ぶ。

　また店内のディスプレイは、様々な形状のふろしきバッグや、ギフトラッピング、またインテリア使いのタペストリーや、さらにはストールなどのファッションアイテムとして現代のライフスタイルに合わせた提案で楽しませてくれる。

　これらの包み方や活用法は、店頭で気軽に、またむす美主催のワークショップでも丁寧に教えてもらうことができる。

　伝統的な色柄から各界のデザイナーとのコラボにより生み出されたデザインなど、常に時代のニーズをとらえ新しい素材や染色加工を取り入れた商品が開発されている。
商品数は常時約 500 点余り、価格帯は 500 円～ 50,000 円まで取り扱う。希望により、名入れ（刺繍・ペンテックス）などのオーダーメイド対応や、プレゼントの際のギフトラッピングもふろしき選びからラッピング仕上げまで依頼できるから心強い。

むす美　京都店

京都市中京区三条通桝屋町 67
075-212-7222
https://www.kyoto-musubi.com/shopdata/kyoto.html

むす美　東京店

東京都渋谷区神宮前 2 丁目 31-8
03-5414-5678
https://www.kyoto-musubi.com/shopdata/tokyo.html

著者紹介

山田悦子（やまだえつこ）Etsuko Yamada　　広報・アートディレクター

京都のふろしきメーカー山田繊維株式会社及びふろしき専門店「むす美」の広報、アートディレクションを務める。現代のライフスタイルに合わせたふろしきのギフトラッピングやバッグアレンジなどの活用法の発信や、ふろしきを通して文化・環境・防災等の観点からサスティナブルな生活提案を行っている。ふろしきの魅力、日本文化の素晴らしさを次世代に伝えるため国内外で講習会を開催。NHKWorld「Japanology Plus」、NHK「ごごナマ」など各種メディアでも活躍。著書「初めてのふろしきレッスン」（小学館）「英語訳付き　ふろしきハンドブック」（誠文堂新光社）ほか多数。

- 山田繊維株式会社：www.ymds.co.jp
  京都市中京区新町通二条南入頭町18
- ふろしき専門店 むす美：www.kyoto-musubi.com
  東京都渋谷区神宮前2丁目31－8
  京都市中京区三条通桝屋町67
- Online Shop：www.musubi-online.com/
- むす美 Instagram：https://www.instagram.com/furoshiki_musubi/?hl=ja
- むす美 YouTube：https://www.youtube.com/user/ymdsweb

ふろしきBOOK

2024年12月25日　初版第1刷発行

著　者　　むす美 山田悦子
発行者　　津田淳子
発行所　　株式会社グラフィック社
　　　　　〒102-0073
　　　　　東京都千代田区九段北1-14-17
　　　　　Tel.03-3263-4318
　　　　　Fax.03-3263-5297
　　　　　https://www.graphicsha.co.jp
印刷製本　TOPPANクロレ株式会社

ISBN978-4-7661-3984-6 C2077
Printed in Japan

新版スタッフ
ブックデザイン　周 玉慧
撮影　岡本 尚樹
モデル　OyUi（榎原由衣）、加藤 慧
イラスト　花島 ゆき
編集　山本 尚子（グラフィック社）

商品協力　むす美

撮影協力　ROND CAFE、富貴塚悠太 、山田繊維

元本スタッフ
ブックデザイン　周 玉慧
イラスト　花島 ゆき
撮影　松林 諒
スタイリング　ミヤマ カオリ
ヘアメイク　西澤 環
モデル　菊池 華代（スペースクラフト）、萬澤 龍太、吉村 俊明、吉村 美穂
編集　山本 尚子（グラフィック社）

商品協力　むす美、花想容、橙緑屋
衣装協力　新装大橋・撫松庵／フォグリネンワーク
撮影協力　花想容／ANTENDO 目白店／J STYLE BOOKS

本書は、2012年刊行の『結んでつくる ふろしきバッグ』を、
一部内容を増補改訂し、新版として発行したものです。